AF514986

Die 12 Wege der Kunst

Entwürfe für die Zukunft – Band 32

FSC
www.fsc.org
MIX
Papier aus verantwortungsvollen Quellen
Paper from responsible sources
FSC® C105338

Kontakt: www.HarryEilenstein.de
Harry.Eilenstein@web.de
Harry Eilenstein bei youtube

Impressum: Copyright: 2022 by Harry Eilenstein – Alle Rechte, insbesondere auch das der Übersetzung, vorbehalten. Kein Teil des Buches darf ohne schriftliche Genehmigung des Autors und des Verlages (nicht als Fotokopie, Mikrofilm, auf elektronischen Datenträgern oder im Internet) reproduziert, übersetzt, gespeichert oder verbreitet werden.

Verlag: BoD · Books on Demand GmbH, Überseering 33, 22297 Hamburg, bod@bod.de
Druck: Libri Plureos GmbH, Friedensallee 273, 22763 Hamburg

ISBN: 978-3-8192-0970-3

Inhaltsübersicht

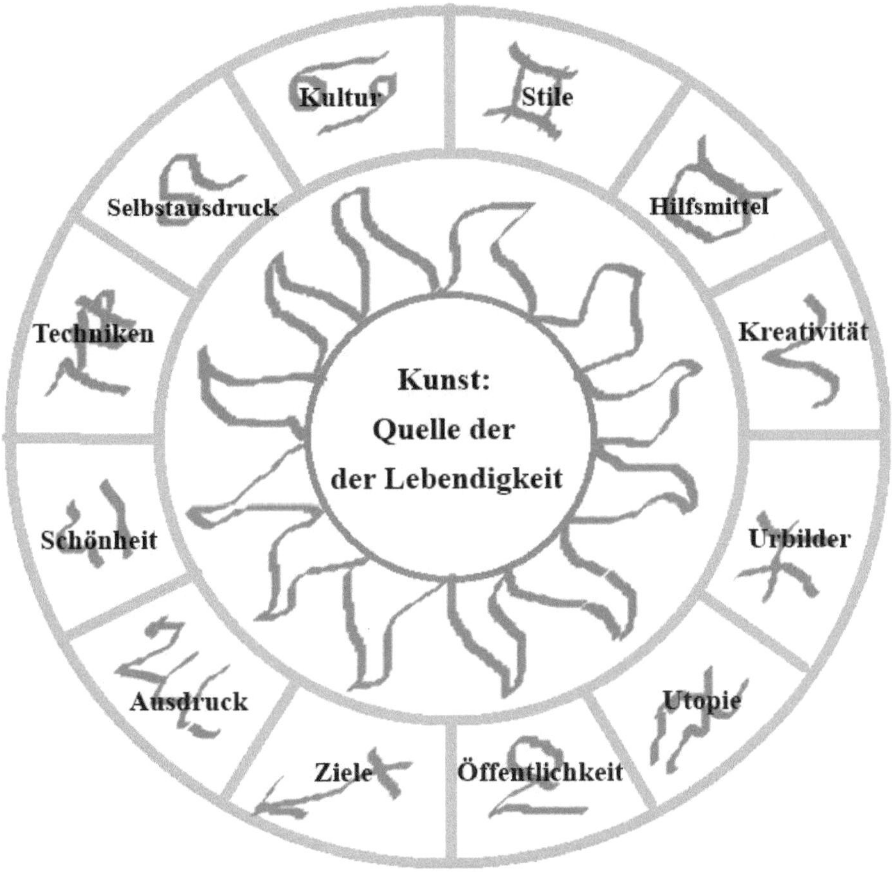

Warum 12?

Alle Bücher dieser Reihe haben genau 12 Kapitel – was sich ja auch in den Titeln dieser Bücher widerspiegelt. Warum?

In diesen Büchern wird der Tierkreis als Matrix von 12 verschiedenen Sichtweisen auf die Welt verwendet, um das Thema des Buches möglichst umfassend in 12 Kapiteln zu betrachten. Dadurch wird eine ausgewogenere, umfassendere und tiefere Einsicht in das jeweilige Thema erlangt als es ohne ein solches Raster, ohne eine solche Matrix möglich wäre.

Der Tierkreis wird in dieser Buch-Reihe als Forschungs-Hilfsmittel benutzt, durch das die Einseitigkeiten in der Betrachtung zumindest vermindert werden können. Weiterhin werden durch dieses Vorgehen diese 12 Sichtweisen auch als Ergänzungen zueinander, als organische Teile eines Ganzen deutlich.

Die Inspiration zu diesem Vorgehen stammt aus Hermann Hesses Roman „Das Glasperlenspiel", für das er 1946 den Literatur-Nobelpreis erhielt. In diesem Roman beschreibt er die öffentlichen Darstellungen von Übersichten und Gesamtbetrachtungen, die mithilfe von verschiedenen allgemeinen Strukturen wie z.B. dem Ba Gua aus dem chinesischen Feng-Shui angefertigt und aufgeführt werden.

Diese Buch-Reihe ist ein Versuch, Hesse's Idee im ganz Kleinen konkret zu verwirklichen.

Die Blickwinkel der 12 Tierkreiszeichen sind:

♈	Widder:	Spontaner
♉	Stier:	Genießer
♊	Zwilling:	Neugieriger
♋	Krebs:	Familienmensch
♌	Löwe:	Egozentriker
♍	Jungfrau:	Handwerker
♎	Waage:	Schöngeist
♏	Skorpion:	Tiefgründiger
♐	Schütze:	Idealist
♑	Steinbock:	Realist
♒	Wassermann:	Theoretiker
♓	Fische:	Träumer

1. Kreativität

♈

Warum eigentlich Kunst? Wozu ein Hammer gut ist, ist klar – und auch, wozu ein Brot gut ist. Aber Kunst? Was bringt Menschen dazu, Kunst zu machen? Und dazu noch so eine Vielfalt an Kunst: Malerei, Bildhauerei, Musik, Dichtkunst, Tanz, Schauspiel, Körperbemalung, Stickerei, Schmuck und noch mehr …

Der Kunst muss ein Grundbedürfnis zugrunde liegen, denn sonst könnte sich nicht über Jahrtausende hinweg und bei allen Völkern eine solche Vielfalt an Kunst entwickelt haben. Aber was ist dieser Ansporn? Die Motivation ist klar, wenn man mit dem Hammer das Dach repariert oder wenn man ein Brot backt, wenn man hungrig ist: Dem Leib geht es anschließend besser.

Doch worin liegt der Vorteil von Kunst? Wo hat die Kunst ihren Ursprung? Von wo geht sie aus? Bei dem Dach, durch das es reinregnet, und bei dem Magen, der laut knurrt, ist die Motivation sofort ersichtlich – es fehlt Schutz und es fehlt Nahrung. Doch warum Kunst?

Was ist Kunst eigentlich, wenn sie fertig ist? Wenn das Dach mithilfe von Hammer, Brettern und Nägeln wieder dicht ist, entsteht Schutz, und wenn man das Brot gegessen hat, ist man satt. Doch was ist, wenn das Bild fertig ist, wenn das Gedicht geschrieben ist, wenn die Skulptur vor einem steht, wenn der Tanz zu Ende ist, wenn das Lied gesungen worden ist? Was ist dann da, was vorher nicht da war?

Das ist ein Gefühl. Und bei der Kunst, die einem Menschen wirklich wichtig wird, ist es auch ein Wiedererkennen von etwas, was man schon kennt oder zumindest ahnt. Das bedeutet, dass Kunst etwas darstellt, was vorher ohne Darstellung war, was die Menschen nur in sich getragen haben, aber was sie noch nicht im Außen als Geschichte, Gedicht, Lied, Bild, Film, Skulptur, Tanz, Stickerei oder auf sonst eine Weise haben sehen können.

Kunst macht also das Innere des Menschen sichtbar. Kunst ist ein Spiegel des Inneren des Menschen. Kunst ist daher auch ein Hilfsmittel bei der Selbsterkenntnis. Und das, was man landläufig „große Kunst“ nennt, ist das, was Dinge darstellt, die in vielen Menschen etwas anklingen lässt – die „große Kunst“ erinnert viele Menschen an etwas, was sie schon geahnt oder gekannt haben.

Die Kunst macht das Unterbewusstsein bewusst, sie holt die Bilder aus den Träumen der Menschen in die materielle Welt, so dass man diese inneren Bilder wachbewusst ansehen kann.

Offensichtlich ist diese Form der Selbsterkenntnis – oder bei der „großen Kunst“ vielleicht sogar der Menschen-Erkenntnis – ein Grundbedürfnis der Menschen. Kunst kann helfen, die Antworten auf die beiden Fragen „Wer bin ich?“ und „Was sind wir Menschen?“ zu finden.

Zum einen können wir uns Kunstwerke ansehen oder anhören oder auf andere Weise erleben, die andere Menschen erschaffen haben. Zum anderen können wir auch selber künstlerisch tätig werden und selber etwas darstellen, was wir ahnen oder gespürt haben oder im Traum gesehen haben.

Es hat offenbar etwas tief Befriedigendes, wenn man in einem Film ein eigenes Problem dargestellt und gelöst sieht, wenn man in einem Bild ein eigenes Meditations-Erlebnis dargestellt findet, wenn man in einem Musikstück eine Stimmung wiederfindet, die man nur zu gut kennt. Zum einen fühlt man sich dadurch verstanden, zum anderen wird dadurch deutlich, dass auch noch andere solche Gefühle und Erlebnisse gehabt haben, und drittens findet man in diesen künstlerischen Darstellungen manchmal auch Lösungen oder zumindest Lösungsansätze oder hilfreiche Einstellungen zu einem bestimmten Problem. In dieser Hinsicht ist Kunst den Weisheitslehren wie z.B. dem Tao Tê King oder einer Psychotherapie recht ähnlich: Die Kunst, die Weisheitslehren und die Psychotherapien fördern alle drei die Selbsterkenntnis und lassen Wege zu einem besseren und erfüllteren Leben deutlich werden.

Die Kunst hat also durchaus einen ganz konkreten Nutzen – nur bezieht sich dieser Nutzen nicht auf den Leib, sondern auf die Psyche, auf das Gemüt, auf das Bewusstsein. Die Kunst ist für die Psyche das, was der Hammer und die gesamte Architektur sowie das Brot und die gesamte Kochkunst für den Leib sind.

Die Kreativität, die zur Entstehung von Kunst führt, entsteht also aus dem Drang der Psyche nach Selbsterkenntnis und nach Heilung und nach Wachstum und nach dem Erlangen eines erfüllten Lebens. Der künstlerische Selbstausdruck ist folglich eine ausgesprochen wertvolle Angelegenheit, die man bei allen Kindern – und wenn sie es als Kind nicht gelernt haben sollten – auch bei allen Erwachsenen fördern sollte.

2. Hilfsmittel

♉

In der Kunst wird eine große Menge an Hilfsmitteln verwendet, die alle irgendwann einmal erfunden worden sind. Diese Hilfsmittel sind im Laufe der Zeit auch ständig weiterentwickelt und auf immer neue Weisen verwendet worden. Daher kann ein kleiner Ausflug in die Geschichte der Kunst hilfreich sein, um all die Möglichkeiten der Kunst besser einschätzen zu können.

a) Dichtkunst

Die Formen der Dichtkunst ergeben sich aus der Logik, der Sprache und dem Weltbild der jeweiligen Epoche, wobei zu diesem Weltbild natürlich auch die Magie und die Religion gehören.

Vermutlich kann man in der **Altsteinzeit** dieser Epoche noch nicht von einer Dichtkunst sprechen – es sei denn, dass es Menschen gegeben hat, die ein besonderes Talent dafür gehabt haben, mithilfe von zwei Substantiven treffend Menschen, Dinge und Situationen zu beschreiben.

Diese frühesten „Dichter“ hätten dann nicht nur solche Begriffe wie „Panther-Mann“, „Kuh-Frau“ und „Vogel-Seele“ zur Verfügung gehabt, sondern könnten auch kreativere Kombinationen erschaffen haben wie „Baldrian-Bruder“ für einen Bruder, der so bitter und mürrisch und einengend wie Baldrian ist, „Honig-Frau“ für eine Geliebte, „Sonnen-Haar“ für einen blonden Menschen usw.

Das wäre eine sehr schlichte, aber auch sehr bildhafte und anschauliche Form der Dichtkunst gewesen. Ob es sie tatsächlich gegeben hat, weiß man natürlich nicht, aber da es alle Voraussetzungen dafür gegeben hat und man auch noch heute fast jede derartige Wortschöpfung mühelos verstehen kann, ist es ausgesprochen wahrscheinlich, dass es auch schon in der Altsteinzeit solche Wortschöpfungs-Dichter gegeben haben wird.

Der Anfang der Sprache werden „Worte für Dinge“, also Substantive gewesen sein – Verben und Adjektive, die ja deutlich abstrakter als Substantive sind, werden erst später dazugekommen sein.

Das Prinzip der Analogie, das sich in der Sprache als Grammatik zeigt, ermöglichte in der **Jungsteinzeit** ganz neue Formen der Dichtkunst. Zum einen sind damals Sätze möglich geworden, die die Darstellung komplexerer Zusammenhänge ermöglichten, und zum anderen entstand durch das Denken in Analogien auch die Möglichkeit, analoge Sätze zu erschaffen.

Dadurch sind gleich drei Dinge entstanden: das Versmaß, der grammatische Reim und der inhaltliche Reim.

- Das Versmaß wird anfangs vermutlich einfach der Wechsel zwischen einer betonten und einer unbetonten Silbe gewesen sein oder eine festgelegte Anzahl an betonten Silben pro Zeile. Das passt auch gut zu den damals noch recht einfachen, kurzen Worten (siehe das Kapitel „Sprache“).
- Der grammatische Reim besteht darin, dass zwei Sätze aufeinander folgen, die dieselbe Anzahl von Worten haben und die auch denselben grammatischen Aufbau haben.
- Schließlich gibt es noch den inhaltlichen Reim, bei dem in zwei aufeinander folgenden Zeilen mit grammatischem Reim exakt dieselbe Aussage steht.

In der Regel wird das Versmaß mit dem grammatischen oder inhaltlichen Reim kombiniert. Diese Formen der Dichtkunst finden sich z.B. noch in den frühen Dichtungen von Sumer und Ägypten oder in den Zaubersprüchen der Germanen („galdr-lag“).

Ein Beispiel für einen grammatischen Reim bei einem Zauberspruch ist:

Das Wasser tropft aus dieser Schale –
Der Regen rinnt aus dieser Wolke.

Diese beiden Verse illustrieren zudem das Prinzip des Analogie-Zaubers: Das Ausgießen von Wasser bewirkt das Regnen. Diese Reimform zeigt deutlich einen logischen Zusammenhang ohne dass sie die heute dafür notwendigen logischen Partikel „wenn … dann …“ zu verwenden braucht. Der grammatische Reim übernimmt also die Funktion von logischen Partikeln im Satzbau.

Ein Beispiel für einen inhaltlichen Reim ist:

Der Pharao ist wie ein Löwe in der Wüste,
Der König ist wie ein Panther in der Steppe.

Da die Verdopplung in den frühen Sprachen wie in den heutigen Pidgin- und Kreolen-Sprachen eine Möglichkeit ist, einen Plural oder einen Superlativ zu bilden, wird der Pharao durch diese Verse auch als der Stärkste (Superlativ) dargestellt. Eine dritte Verwendung der Verdopplung eines Wortes ist die Schaffung eines Substantivs aus einem Verb oder Adjektiv. In Altägyptischen hat z.B. „(w)ben“ die Bedeutung „aufsteigen, aufgehen der Sonne“. Daher ist „benu“ der Phönix, d.h. die am Morgen aufgehende, wiedergeborene Sonne, und „benben“ bezeichnete die vergoldete Spitze der Pyramiden, d.h. die aufgehende Sonne, die ein Symbol der Wiedergeburt gewesen ist.

Der Inhalt dieser Dichtungen werden zu einem großen Teil die Kult-Texte und die Geschichte des Stammes gewesen sein. Auch die frühesten erhaltenen Dichtungen haben bei fast allen Völkern diese beiden Bereiche zum Thema.

Im **Königtum** ist das Formular erfunden worden, mit dessen Hilfe einzelne Aspekte der großen Vielfalt erfasst werden konnten: die Anzahl der Bewohner eines Dorfes, die Größe der Felder dieses Dorfes, die Anzahl der Rinder in diesem Dorf usw.

Daher wurde auch die Dichtkunst formaler: Es gab nun zum einen lange Listen von Eigenschaften des Sonnengottes; detaillierte Ausführungen, was der Eine Gott alles erschaffen hat; Gerichtsverhandlungen im Jenseits, die poetisch formulierte Listen enthalten; usw.

Auch die Art des Reimes wurde mit der Zeit formaler, auch wenn sie sich noch lange Zeit vor allem auf das Verfassen von Hymnen mit festem Versmaß beschränkt hat.

Erst spät kamen dann auch die formaleren Reimformen auf, die z.B. aus dem gut bekannten Endreim bestanden, aber es gab auch sehr viel kreativere Reimformen, die vor allem von den Germanen sehr fein ausgefeilt worden sind und z.B. Regeln wie „ein Widerspruch wie 'hoch – tief' in jeder vierten Zeile“, „ein Superlativ am Anfang jeder zweiten Zeile“, „zwei Halbreime wie 'H<u>und</u> – H<u>and</u>' in jeder zweiten Zeile“ oder „mindestens drei Worte pro Zeile mit demselben Anfangsbuchstaben“ (Stabreim).

In der Epoche des **Materialismus** wurden die Gedichte zum einen sehr viel individueller und stellten nicht mehr den Einen Gott oder den König dar, sondern eben persönliche Erlebnisse – und zum anderen wurden die Gedichtformen immer vielfältiger und freier und lehnten manchmal absichtliche jegliche Reimform als einengend ab.

Die Dichter wurden zudem oft zu Schriftstellern, die Romane verfasst haben – oder die letztlich aufgrund ihres Sprachtalents ein Dasein als Werbetexter fristen mussten.

Es wäre gut denkbar, dass in der heutigen Epoche der **Globalisierung** zur schlüssigen Darstellung von Gesamtzusammenhängen alle Dichtkunst-Elemente der bisherigen Epochen verwendet und kombiniert werden:

1. **Altsteinzeit**: die Möglichkeit der anschaulichen Wortneuschöpfung, um bestimmte Sachverhalte deutlich zu machen wie z.B. „globales Dorf".
2. **Jungsteinzeit**: der Aufbau von Argumentationen in Analogie wie z.B.: „Vertrauen bedeutet, dass der Einzelne vom Ganzen getragen wird – Verantwortung bedeutet, dass das Ganze vom Einzelnen getragen wird."
3. **Königtum**: der schlüssige Aufbau der Argumentation, die von einem Ziel ausgeht und von ihm die notwendigen Schritte ableitet
4. **Materialismus**: die sorgfältige Analyse der Situation, mögliche neue Erfindungen und derzeitige Wahlmöglichkeiten
5. **Globalisierung**: die Berücksichtigung aller Zusammenhänge, aller Betroffenen und aller Folgen

Es fällt auf, dass seit dem Beginn dieser Epoche in der Literatur die Sciencefiction-Werke und die Fantasy-Bücher eine immer größere Rolle spielen. Dort werden wieder Magie und Götter in das Weltbild integriert und die Kooperation in einer Gruppe von oft sehr gegensätzlichen Helden ist ausgesprochen wichtig. Das ist eine Rückkehr zu den Urbildern des magisch-mythologischen Weltbildes der Jungsteinzeit, die die wichtigsten Motive des kollektiven Unterbewusstseins sind.

b) Musik

Die Entwicklung der Musik verläuft zwar in derselben Weise wie die Dichtkunst, also in denselben Epochen-Stufen, aber die einzige direkte Verbindung zwischen der Sprache und der Musik ist der Gesang – und es gibt ja auch viel Musik ohne Gesang.

Die archäologischen Finde zeigen, dass es schon in der **Altsteinzeit** einige Musikinstrumente gegeben hat:

- Gesang (möglicherweise seit 1.000.000 Jahren),
- Trommeln aus Fellen, die auf einen Rahmen (ursprünglich zum Gerben) aufgespannt worden sind (seit mindestens 600.000 Jahren),
- Flöten aus Geier-Flügelknochen (seit mindestens 45.000 Jahren – archäologische Funde), und
- die Sehnen von Bögen, die der Ursprung der Saiteninstrumente gewe-

sen sind (seit mindestens 30.000 Jahren – Erfindung des Bogens).

Die Löcher auf den damaligen Flöten lassen vermuten, dass es damals eher einfache und auch viele verschiedene Tonleitern gegeben hat. Man kann zudem vermuten, dass der Gesang zunächst pentatonisch gewesen ist, da dies die einfachste Tonleiter ist, d.h. die Tonleiter, deren Töne am einfachsten zu finden sind und die zusammen mit dem Grundton am harmonischsten klingen.

Es ist fraglich, ob es bereits einen Takt gegeben haben wird – möglicherweise nur beim Trommeln.

Aufgrund der damaligen Begrenztheit der Sprache wird es vermutlich im Gesang nur einzelne, wiederholte Worte oder spontane Rufe gegeben haben.

Viele Elemente der Musik entstehen durch Wiederholungen: der Takt, der Rhythmus, der Refrain und das musikalische Thema. Da die Wiederholung eine Form der Analogie ist, kann man davon ausgehen, dass diese Elemente in der **Jungsteinzeit** entstanden sind, deren Kultur durch Wiederholung, Rhythmus, Takt, Zyklus, Analogie usw. geprägt gewesen ist. Diese musikalischen Formen entsprechen der Grammatik in der Sprache.

In dieser Epoche wird es auch das einfache Lied – vermutlich meistens mit einem gemeinsam gesungenen Refrain – gegeben haben.

Die Instrumente werden in dieser Epoche weiterentwickelt worden sein und nicht mehr so sehr einem Geier-Flügelknochen, einem zum Gerben aufgespannten Fell oder einem Bogen geähnelt haben. Der Bogen ist z.B. mit einem Klangkörper versehen worden, wodurch die Bogenharfe entstanden ist. Flöten sind auch aus Ton und später aus Metall hergestellt worden und die Trommeln haben einen größeren Klangkörper erhalten.

Zudem ist anzunehmen, dass in dieser Epoche auch mehrere Instrumente in demselben Takt dieselbe Melodie gespielt haben werden und von Trommeln begleitet worden sind.

Die Musikstücke werden hauptsächlich traditionelle Weisen gewesen sein, zu denen ab und zu einmal eine neue Melodie oder ein neues Lied hinzukam.

Im **Königtum** wurde Musik zunehmend systematischer und komplexer gestaltet. Zudem wurde sie von größeren Gruppen von Musikern ausgeübt. Es wird zudem eine Normierung der Tonhöhen („Kammerton A“) gegeben haben.

In der Spätphase des Königtums entstanden dann die großen, formal durchstrukturierten Musikformen wie die Fuge, die Sinfonie, die Oper und ähnliches.

Diese großen Musikwerke erforderten eine zentrale Leitung durch einen Dirigenten und sie hatten auch einen einzelnen Komponisten als Urheber und beruhten nicht mehr auf der Tradition wie zuvor in der Jungsteinzeit.

Die späte Epoche des Königtums ist die Epoche der klassischen Musik – sowohl in Europa als auch in Asien.

Die Musik hat sich erst einige Zeit nach dem Ende der Epoche des Königtums, also in der Epoche des **Materialismus**, weiterverwandelt. Die Epoche des Materialismus hat zwar um ca. 1500 begonnen, aber das Königtum fand erst um ca. 1850 ein allgemeines Ende – es gab also eine Übergangszeit von 350 Jahren.

Die „neue Musik", die sich durch die Betonung des Rhythmus, durch individuelle Texte, eine größere Emotionalität und eine größere Vielfalt an Instrumenten auszeichnet, entstand erst ab ca. 1920. Nach dem Zweiten Weltkrieg hat die Musik dann durch die elektrischen Instrumente (E-Gitarre, Hammond-Orgel, Synthesizer u.a.) noch einmal ein größeres klangliches Spektrum erhalten.

Eine neue Form der Musik in der Epoche der **Globalisierung** ist bislang noch nicht erkennbar – wenn man einmal von der Tendenz, die verschiedensten Musikrichtungen miteinander zu verbinden, absieht.

c) Tanz

Der Tanz ist eine Bewegung des Körpers, die keinem konkreten Zweck wie Jagen oder Kochen dient, sondern ein Gefühl ausdrückt.

Vermutlich hat es in der **Altsteinzeit** Tänze gegeben, in denen die Tänzer die Tiere dargestellt haben, deren Eigenschaften sie haben wollten. Wahrscheinlich werden sie bei diesen Tänzen die Felle, Hörner, Federn usw. dieser Tiere getragen haben. Diese Tänze waren somit Magie-Tänze, deren Tier-Pantomimen magisch wirken sollten.

Wahrscheinlich wird sich jeder Tänzer weitgehend eigenständig bewegt haben, da dies der damaligen Musik und der damaligen Sprache entsprochen haben wird.

In der **Jungsteinzeit** kam in dem Tanz die Analogie hinzu, d.h. der Takt und der Rhythmus. Aus dieser Epoche sind auch Darstellungen von Tiertänzen bekannt, insbesondere Tänze von losen Gruppen von Panther-Tänzern, die recht wahrscheinlich Schamanen gewesen sein werden. Es ist gut denkbar, dass die Schamanen damals schon Ekstase-Tänze gekannt haben.

Auf den Abbildungen aus dieser Zeit sind auch Gruppentänze zu sehen, bei denen die Tänzer in Reihen tanzen. Es hat den Anschein, als ob Männer und Frauen stets getrennt voneinander in Reihen getanzt hätten. Vermutlich haben diese Tänze große Ähnlichkeit mit einfachen Volkstänzen gehabt.

Im **Königtum** wurden die Tänze immer stärker geregelt und wurden daher immer formaler.

Zunächst waren dies die Tempeltänze, die halb-pantomimisch die Mythen der Götter dargestellt haben.

Gegen Ende dieser Epoche entstanden schließlich die Bälle an den Königshöfen und das Klassische Ballett und ähnliche streng choreographierte Tänze in anderen Kulturen.

Im **Materialismus** wurden die Tänze wie die Musik ab ca. 1920 immer freier und individueller und zugleich auch wilder, emotionaler und teilweise auch aggressiver. Der Tanz wurde zu einem Ausdrucksmittel für die eigenen Gefühle.

Man kann zumindest vermuten, dass es in der Epoche der **Globalisierung** wieder zu mehr Gemeinschaftstänzen kommen wird, die allerdings keiner vorgegebenen Choreographie folgen werden, sondern eher eine gemeinsame Improvisation sein werden, bei der man jedoch die anderen Tänzer wahrnimmt und sich gegenseitig miteinbezieht.

d) Schauspielerei

Das Schauspiel stellt etwas dar, was konkret nicht vorhanden ist. Dies ist auch ein Element der Magie und teilweise auch der Religion. Es gibt daher auch einen fließenden Übergang vom Schauspiel zu den pantomimischen Tänzen.

Das Tragen von Tierfellen sowie von Hörnern und Federn bei den Tiertänzen in der **Altsteinzeit** geht schon in die Schauspielerei über, wobei diese Schauspielerei allerdings eine ganz konkrete magische Wirkung haben sollte. Die bekanntesten Motive aus dieser Epoche sind die Statuetten, Höhlenmalereien und Felsgravuren, die Panther-Männer, Hirsch-Männer und Kuh-Frauen darstellen.

Möglicherweise gab es auch ganz praktische Schauspielerei wie bei den Indianern, die sich teilweise Wolfsfelle umhingen, um sich näher an Bison-Herden anschleichen zu können. Ob es in der Altsteinzeit solche Jagd-Verkleidungen gegeben hat, lässt sich allerdings nicht mehr feststellen auch wenn es gut denkbar ist.

Wahrscheinlich wird es in der **Jungsteinzeit** im Kult Verkleidungen und die Darstellung von Gottheiten, Urahnen, Tieren usw. gegeben haben. Evtl. sind auch die Erzählungen der Stammesgeschichte von Verkleidungen unterstützt worden – so wie es sie noch heute z.B. im tibetischen Buddhismus gibt.

Die Kult-Schauspiele aus der Epoche des **Königtums**, die aus den meisten frühen Kulturen wie z.B. Ägypten bekannt sind, wurden nach und nach in Schauspiele im engeren Sinne umgewandelt, in denen individuelle Situationen, Schicksale und Erlebnisse dargestellt worden sind: die Komödie und die Tragödie.

Das „individuelle Theater", also das Theater, das nicht primär von religiösen Themen geprägt war, ist um ca. 600 v.Chr. in Griechenland entstanden. Dies ist dieselbe Zeit, in der von China bis Europa die verschiedenen Weisheitslehren und Mysterienkulte entstanden sind, die die Eigenverantwortung und die Eigenständigkeit der Menschen zum Ziel hatten. Das „individuelle Theater" ist somit ein Aspekt der Eigenständigwerdung der Menschen in Eurasien um diese Zeit.

Im **Materialismus** ist das Theater noch sehr viel individueller und meistens auch realitätsnäher geworden, d.h. es werden psychische Konflikte dargestellt und soziale Missstände angeprangert.

Das Theater ist in dieser Epoche wie der Materialismus selber vollkommen unreligiös geworden. Oft wird der Alltag eines ganz normalen Menschen dargestellt.

Das Theater der neuen Epoche der **Globalisierung** kann man bisher nur ahnen. Es ist auffällig, dass in den neuen Kinofilmen (die das Theater weitgehend ersetzt haben) die Superhelden, die oft magische Kräfte besitzen, offenbar an die Stelle der Götter getreten sind und dass die Bildung von Gruppen, die zusammenarbeiten eine große Rolle spielen.

Das sind beides Aspekte, die gut zu der Epoche der Globalisierung passen, in der zum einen die Religion und die Magie wieder integriert werden und in der zum anderen die Kooperation das zentrale Element ist.

Dieselben beiden Phänomene finden sich auch in den online-Gruppenrollenspielen:

Man spielt die Rolle eines Menschen mit besonderen Fähigkeiten und man hat meistens nur dann Erfolg, wenn man mit anderen kooperiert.

e) Malerei

Die Malerei lässt sich bis in die späte Altsteinzeit zurückverfolgen. Sie ist die Form der Kunst, über die es aus der Alt- und Jungsteinzeit die meisten Funde gibt: An über 300 Orten befinden sich teilweise bis zu 1000 Einzelbilder.

Die ältesten erhaltenen Bilder stammen aus der **Altsteinzeit** und sind ca. 50.000 Jahre alt und befinden sich in Höhlen, weshalb sie „Höhlenmalereien" genannt werden. Es gibt auch „Felsmalereien", die sich im Freien unter Felsüberhängen befinden, aber diese sind deutlich jünger, da sie anfälliger für Verwitterung sind.

Diese altsteinzeitlichen Malereien bestehen zu über 99% aus Tieren, die damals folglich die prägenden Symbole in der Psyche der Menschen gewesen sein müssen.

Die Häufigkeit der dargestellten Tiere entspricht weder ihrer Häufigkeit in der Natur noch ihrer Häufigkeit in dem „Speiseplan" der damaligen Menschen. Daraus ergibt sich, dass diese Tiere eine symbolische Bedeutung haben müssen. Diese Schlussfolgerung wird dadurch bestätigt, dass die verschiedenen Tierarten auch innerhalb der Höhlen ungleichmäßig verteilt sind – es gibt verschiedene Mischungen von Tierarten in den verschiedenen Höhlenbereichen, also im Eingangsbereich, in den Gängen, in den Hallen und in den Nischen.

Weiterhin finden sich in den Höhlen auch Ritualplätze, die von Steinen freigeräumt worden sind und in denen Sitzsteine im Kreis liegen.

Die Tier-Bilder haben keine bestimmte Anordnung an einem Ort – es gibt z.B. kein allgemeines „Unten". Sie sind teilweise sogar übereinander gemalt worden. Der Zusammenhang zwischen einzelnen Bildern wird nur durch die Nähe und Ferne zueinander deutlich. Es gibt lediglich einige wenige kleine Szenen, in denen mehrere Motive klar zueinander gehören wie z.B. das von einem Speer verletzte Wisent, der liegende Jäger und der Seelenvogel auf einem Stab in der Darstellung eines Jagdunfalls. Der Vogel-Stab ist der Vorläufer des Totempfahls.

Diese Form der Darstellung entspricht dem Prinzip der Assoziation.

Ein interessantes Motiv ist die „zweifache Frau" bzw. die Frau, die mit ihrem linken Arm nach oben und mit ihrem rechten Arm nach unten weist. Beide Motive sind ein Hinweis auf die „zwei Welten", also auf Diesseits und Jenseits. Die Frau ist daher die „Mutter der Menschen im Diesseits und im Jenseits".

Eine wichtige Neuerung in den Malereien der **Jungsteinzeit** ist die Darstellung von Gruppen: Reihen von Tänzern, Gruppen von Panther-Tänzern (Schamanen), Reihen von Hütten, mehrfache Darstellungen von Geiern (Muttergöttin der Seelenvögel) in einem Tempel und ähnliches.

Es gibt nun in den Darstellungen ein allgemeines „Unten“.

Auch die Abbildung von Szenen wie z.B. Bestattungen oder die detaillierte Darstellung von Gebäuden oder erste einfache Landkarten der näheren Umgebung sind in dieser Epoche zu finden.

Weiterhin wurden auch Portraitbilder, die offensichtlich konkrete Menschen darstellen, üblicher als in der Altsteinzeit, in der sie zwar vorhanden, aber noch extrem selten waren.

In der Epoche des **Königtums** verändert sich die Malerei sehr deutlich: Alles wird geordnet – was dem Charakter der Zentralverwaltung mit ihren Formularen entspricht.

Zunächst einmal wird die Standlinie eingeführt, auf der alle an einer Szene beteiligten Personen, Tiere und Dinge stehen. Weiterhin werden die Menschen, Tiere und Dinge auch auf eine einheitliche Weise, d.h. in einem festgelegten Stil dargestellt.

Auch die Schrift, die zu Beginn des Königtums aus Buchführungsgründen entwickelt worden ist, ist zunächst einmal eine Gruppe von „standardisierten Bildern“ mit einer eng festgelegten Bedeutung.

In den Darstellungen finden sich nun fast nur noch Szenen bestimmter Abläufe oder Zusammenhänge. Es tauchen zudem die ersten Landkarten auf, die größere Bereiche darstellen.

Im Verlauf des Königtums werden die Malereien immer komplexer bis gegen Ende dieser Epoche die in den Bildern dargestellten Gestalten auch einen Hintergrund erhalten.

Prägend für diese Epoche sind die Formalisierung, die Stilisierung und die Darstellung von Gesamtzusammenhängen (meistens mit einem Gott oder dem König im Zentrum). Zu dieser Gemäldeform gehört auch das Mandala.

Es gab auch schon in der Jungsteinzeit vereinzelt Symbole, aber erst im Königtum fanden sie eine weitere Verbreitung – sehr wahrscheinlich durch die Entwicklung der Schriftzeichen angeregt, die ja auch Symbole waren.

Im **Materialismus** wird die Malerei sehr individuell und teilweise auch verfremdeter und abstrakter – der Einzelne lebt seine Freiheit im Umgang mit der Farbe aus. Es gab nun auch weitaus mehr Arten von Farbe als zuvor: Pastellkreiden, Ölfarbe, Aquarellfarben, Gouache, Acryl, Farbspray usw.

Eine neue Form der Malerei, die der Epoche der **Globalisierung** entspricht, ist bisher noch nicht klar erkennbar, doch man kann immerhin eine „Multi-Media-Malerei“, die stabile und nachhaltige Gesamtzusammenhänge darstellt, als Entwicklungstendenz vermuten. Ein eindeutig neues Element sind mithilfe von KI (künstlicher Intelleigenz) hergestellten Bilder.

f) Körperbemalung, Tätowierung und Piercing

Man kann das Schmücken des Körpers mit Farbe als einen Zweig der Malerei ansehen, aber da er sich eigenständig entwickelt hat, wird er hier auch gesondert betrachtet.

Aus der **Altsteinzeit** ist nur die Verwendung des roten Ockers als Symbol des Blutes und somit auch des Lebens bekannt. Da sich dieser rote Ocker auch in großen Mengen auf dem Boden von Wohnhöhlen findet, kann man davon ausgehen, dass sich die Menschen damals in Ritualen mit dieser roten Farbe angemalt haben, um ihre Lebenskraft zu stärken.

Ob das Piercing aus dieser oder aus der nächsten Epoche stammt, ist nicht ganz sicher – vermutlich gab es diesen Brauch schon in der Altsteinzeit, in der die Zähne, Stacheln und Federn der Tiere, die man dabei benutzt hat, dann einen symbolischen Charakter gehabt haben werden und dazu gedient haben, eine Verbindung zu dem betreffenden Tier herzustellen.

Es gibt zwar aus der **Jungsteinzeit** keine direkten sicheren Funde, aber aus späteren Kulturen (Amerika, Afrika, Ozeanien), die noch auf die dieselbe Weise wie in der Jungsteinzeit gelebt haben.

Es lassen sich zwei Formen der Körperbemalung unterscheiden: zum einen die großflächige, unstrukturierte Bemalung vor Kämpfen und zum anderen die Streifenbemalung vor Ritualen, die ausgeführt wird, indem man die Finger in Farbe taucht und dann über den Körper streicht.

Aus dieser Epoche stammen auch die ersten bekannten Tätowierungen (Skythen). Sie stellen vor allem Tiere und nur selten Menschen oder Dinge dar.

Während des **Königtums** findet sich die Körperbemalung nur ganz am Anfang und kann daher als ein Nachklang der Jungsteinzeit angesehen werden. Am bekanntesten ist die rituelle Bemalung aus dem frühen Ägypten – dort wurden Teile des Gesichtes mit Symbolen bemalt. Es ist allerdings wenig Genaues über die Verwendung der damaligen „Schminkpaletten" bekannt.

In der Epoche des **Materialismus** wird die Tätowierung, das Piercing und die Körperbemalung (vor allem als Schminken) zu einer Form des persönlichen Selbstausdrucks.

Eine neue Entwicklung, die der Epoche der **Globalisierung** entspricht, lässt sich bisher noch nicht beobachten.

g) Bildhauerei

Zu der Bildhauerei zählen hier neben der Steinbearbeitung auch das Töpfern, das Schnitzen und das Schmieden.

Aus der **Altsteinzeit** sind neben den vielen Frauenstatuetten aus Stein oder Ton auch Elfenbein-Schnitzereien von Panther-Männern und lebensgroße Ton-Statuen von Bären in Höhlen bekannt.

Auch die Bearbeitung von Stein zur Herstellung von Steinwerkzeugen (Faustkeil, Schaber, Spitzen usw.) gehört zunächst einmal noch zur Bildhauerei. Die Anfänge der Bildhauerei, die anfangs noch eine „Werkzeughauerei" gewesen ist, reichen daher 2,5 Millionen Jahre zurück.

Vermutlich hat es jedoch noch einiges mehr gegeben, das sich nicht erhalten hat. So weist z.B. der Vogel-Stab in der Höhlenmalerei und die Vielfalt der steinernen Totempfähle zu Beginn der Jungsteinzeit darauf hin, dass es während der späten Altsteinzeit bereits eine differenzierte Tradition von großen Totempfählen aus Holz gegeben haben muss – anders ließe sich auch die weltweite Verbreitung der Totempfähle (außer in Afrika) nicht erklären.

Man kann also in der Altsteinzeit von einer differenzierten und technisch hochstehenden Bearbeitung von Stein und Holz mit einer sehr langen Tradition ausgehen. Es hat sich jedoch erst vor ca. 50.000 Jahren aus der „Werkzeughauerei" auch eine Bildhauerei entwickelt.

Den vor ca. 300.000 Jahren in Bilzingsleben in Thüringen am Rande von mehreren Wohnhütten errichteten Altar, auf dem ein Stierschädel sowie mehrere Fragmente von

Menschenschädeln gelegen haben, kann man als die älteste Installation (Arrangement von Gegenständen) ansehen. Aus dieser Zeit stammen auch einige geometrische Ritzungen auf Knochen.

Eine ähnliche Installation ist der Schädel eines Neandertalers in einer Tropfsteinhöhle, der zwischen mehrere Tropfsteine gelegt worden ist.

Die Werke der Bildhauerei wurden in der **Jungsteinzeit** größer, differenzierter und wurden dem Bau der ersten Tempel in Göbekli Tepe und Umgebung im Norden von Mesopotamien eingegliedert. Es gab weiterhin sowohl Statuen aus Stein als auch aus zunächst noch ungebranntem Ton.

Ein Zweig der Bildhauerei in der frühen Jungsteinzeit war die Herstellung der „kubistischen" Pfeiler der Tempel, die stark stilisierte Menschen darstellen. Diese rechteckigen Pfeiler waren bis zu 6m hoch.

Aus diesen Pfeilern sind dann durch Vereinfachung die Menhire in den Steinkreisen und in den Steinalleen geworden. Auf diesen Menhiren finden sich nur noch vereinzelte Gravuren.

Es gab in der mittleren Jungsteinzeit in Mesopotamien auch eine Tradition der Herstellung von lebensgroßen Portraitköpfen mit deutlich individuellen Gesichtszügen. Diese Tradition stand sehr wahrscheinlich im Zusammenhang mit dem Totenkult.

Auch die Bildhauerei wurde von der Analogie-Magie geprägt. So ist z.B. aus Mesopotamien eine Sichel bekannt, deren Griff als Antilopenkopf geschnitzt worden ist. Diese Sichel sollte offenbar das Getreide genauso schneiden können wie es die Zähne der Antilopen können, die die mühsam angelegten Getreidefelder plünderten.

Die Bildhauerei wurde während des **Königtums** wie auch die übrige Kunst stark formalisiert, stilisiert, idealisiert und in den Dienst der Königs- und Gottes-Verherrlichung gestellt. Teilweise wurden die Werke der Bildhauer riesig wie der bronzene „Koloss von Rhodos", also der 30m hohe Sonnengott Helios, die Heere von lebensgroßen Ton-Kriegern in den Gräber der chinesischen Kaiser oder die fast 150m hohen, glänzend-glatt polierten ägyptischen Pyramiden zeigen.

Die Bildhauerei wurde während des **Materialismus** wieder sehr viel privater und individueller und auch kleiner. Zudem bildeten sich verschiedene Zweige der Bildhauerei, in denen mit den verschiedensten Materialien gearbeitet wird und die bis hin zur „Verpackungskunst" und zur „Installation" reichen.

Eine neue Entwicklung in der Bildhauerei, die sich auf die Epoche der **Globalisierung** bezieht, ist bisher noch nicht erkennbar.

h) Architektur

Der Bau von Hütten und Häusern reicht über zwei Millionen Jahre weit zurück bis in die frühe Altsteinzeit.

Schon vor 1 Millionen Jahren wurden in der frühen **Altsteinzeit** die ersten Hütten errichtet – nur 500.000 Jahre, nachdem die Steinbearbeitung erfunden worden ist.

Diese Hütten bestanden aus einer kreisförmigen Mauer von aufeinandergelegten Steinen mit einem kuppelförmigen Dach aus Ästen, Fellen, Laub und ähnlichem. Diese Hütten sahen ungefähr wie eine Halbkugel aus und glichen weitgehend den heutigen Iglus – wobei der kurze Gang vor der Hütte erst zum Beginn der Eiszeit vor 600.000 Jahren hinzukam, um die Wärme besser in der Hütte halten zu können.

Hütten, die nur aus Stöcken und Laub bestanden haben, wird es schon deutlich länger als 1 Millionen Jahre gegeben haben – sie haben jedoch keine archäologisch erfassbaren Spuren hinterlassen.

Diese Hütten wurden als der Bauch der Mutter empfunden. Zu Beginn der Eiszeit entwickelte sich daraus die Schwitzhütte: eine mit glühenden Steinen beheizte Wohnhütte, in der die Muttergöttin, die Ahnen und die Tiergeister gerufen wurden.

Es ist interessant, dass die Reste einer Hütte gefunden wurden, die ganz aus Mammut-Knochen hergestellt worden war. Vermutlich ist die Muttergöttin nicht nur (wie die Höhlenmalereien und die frühen schriftlichen Religionen zeigen) als Kuh aufgefasst worden, sondern auch als Mammut.

Diese Hütten standen manchmal in kleinen Gruppen von bis zu fünf Hütten beieinander. Sie hatten keine bestimmte Anordnung, sondern orientierten sich am Gelände – so wie man dies auch bei den Tipis bei Indianer-Treffen beobachten kann.

Manchmal wohnten die damaligen Menschen auch in Höhlen, aber das ist eher selten – weil es nicht viele Höhlen gab.

In der **Jungsteinzeit** gab es zunächst weiterhin die runden Hütten, die in ungeordneter Form in kleinen Gruppen beieinander standen.

Die Schwitzhütten wurden nun mit größerem Aufwand hergestellt und wurden zu den ersten Tempeln:

- Sie bestanden aus einer äußeren Ringmauer mit einer Äste/Felle-Kuppel – der Bauch der Mutter.

- Darin befand sich eine zweite, innere Ringmauer mit einer Äste/Felle-Kuppel – das Kind im Bauch der Mutter.
- Beide Kreismauern waren mit einer kurzen Mauer verbunden – die Nabelschnur.
- Zu der äußeren Ringmauer führte ein Gang aus zwei Steinmauern und einem Äste/Felle-Dach – die Vagina der Mutter.
- Vor dem Gang stand eine Steinplatte mit einem Loch, durch das hindurch man in den Gang kriechen konnte – die Scham der Mutter.
- Links und rechts neben diesem Eingang stand je ein steinerner Panther – die Kraft der Mutter, die auch eine Jagdgöttin war.
- In der inneren Mauer standen meistens acht Steinpfeiler, die stark stilisierte Menschen dargestellt haben und die Nachfolger der Totempfähle waren – die schützenden Ahnen.
- In der Mitte standen zwei große Steinpfeiler – die Urbilder von Leib und Seele.

Durch das Fortlassen der Mauern und die Reduzierung auf die Pfeiler in diesen Mauern entstand der Steinkreis, der durch eine Steinallee ergänzt wurde, die dem Gang entsprach: die Kultplätze der Megalithkultur.

Durch die Errichtung von Schwitzhütten aus Steinen und Erde für die Toten entstanden die Hügelgräber – auch sie enthalten eine zentrale Kammer und einen Gang, der zu ihr führt.

Ab ungefähr 8500 v.Chr., als der Ackerbau und die Viehzucht erfunden wurden, errichtete man nicht nur die Schwitzhütten-Pfeiler in rechteckiger Form („Archäo-Kubismus“), sondern auch rechteckige Tempel und die Wohnhütten, die dadurch zu „Häusern“ wurden.

Die Wohnhäuser standen ohne Lücke eng aneinander gebaut und hatten den Eingang auf dem Dach. Dadurch waren diese Häuser wie ein einziges großes Haus mit vielen Zimmern und Eingängen. Man gelangte über die Dächer der anderen Häuser zu ihnen – es gab keine Straßen, Wege und Plätze in dieser Art von Dorf. Derartige Häuser-Gruppen finden sich auch bei den Indianern in Nordamerika vor allem in den Canyons der südlichen USA – vor allem bei den Pueblos der Anasazi.

Diese Dörfer hatten sozusagen eine natürliche Stadtmauer – die Mauern der Häuser, die am Außenrand dieser Häusergruppe standen.

Erst gegen Ende der Jungsteinzeit wurden auch Dörfer aus vereinzelt stehenden Häusern errichtet.

Während des **Königtums** blieb die Form der Häuser weitgehend erhalten. Sie hatten allerdings nun einen ebenerdigen Eingang, also eine Öffnung in der Mauer. Sie standen weiterhin in Gruppen aneinander gebaut, allerdings nur noch in Reihen, sodaß die Eingänge zu den Wegen zwischen diesen Reihen frei blieben.

Es kamen nun deutlich größere Tempel, Totentempel (wie z.B. die Pyramiden) und Königspaläste hinzu. Insbesondere in der späteren Zeit der Epoche des Königtums wurden diese Großbauten konzentrisch angelegt.

Während des **Materialismus** war die Haupt-Wohnform das mehrstöckige Haus in der Stadt. Sie standen an dem Rand von Straßen. In der Mitte dieser Häuser-Reihen an den Straßen entstand ein Innenraum, der oft zur Anlage von Gärten genutzt wurde.

In der Spätzeit des Materialismus entstanden Wohnsilos und Hochhäuser.

Eine neue Wohnform der **Globalisierungs**-Epoche ist bislang nicht erkennbar – wenn man von einigen Ansätzen wie z.B. hufeisenförmige angelegten Gebäuden mit ca. 50 Wohneinheiten mit einem kleinen Park mit Spielplatz im Zentrum absieht.

i) Städtebau

Über den Städtebau ist in der Beschreibung der Architektur schon einiges gesagt worden, aber es gibt noch mehr erwähnenswerte Merkmale.

In der **Altsteinzeit** standen die wenigen Hütten einer Niederlassung in loser Form beieinander – so, wie es sich aus der Bodenbeschaffenheit, dem Gefälle, dem Verlauf des Baches, dem Seeufer, dem Waldrand usw. ergab.

In der **Jungsteinzeit** wurden die Häuser in rechteckiger Form errichtet und standen ohne Lücke aneinander. Die Eingänge waren auf dem Dach. An Hängen standen die Häuser auch in Schichten übereinander, wobei diese Häuser-Schichten stufenweise nach hinten, also hangaufwärts, zurückwichen. Die Außenmauern dieser Häuser bildeten eine natürliche Schutzmauer.

Die Häuser-Konglomerate der Jungsteinzeit lösten sich zu Beginn des **Königtums** in Häuser-Reihen auf und die Eingänge wanderten vom Dach (Luke) zur Außenmauer (Tür). Es gab auch lose und einzeln stehende Gruppen von Häusern. Nach und nach bildeten sich verschiedene Formen von Dörfern – links und rechts einer Straße, an den vier Ecken einer Straßenkreuzung, rings um einen Dorfplatz, völlig lose mit weiten Abständen zwischen den einzelnen Höfen usw.

Die Städte, die nun entstanden, waren meistens von einer Stadtmauer zum Schutz gegen Raubtiere und Räuber umgeben.

Die meisten frühen Städte von Ägypten über Mesopotamien bis Westindien bestanden aus zwei Teilen – einem östlichen Teil (Sonnenaufgangs-Seite), in der die Menschen wohnten, und einem westlichen Teil (Sonnenuntergangs-Seite), in dem die Toten wohnten. Auf der Westseite befanden sich die Gräber, die Totentempel, die Pyramiden und die Göttertempel sowie oft auch ein künstlicher See, durch den (symbolisch-rituell) die Sonne in ihrer Barke fuhr. In vielen Fällen lagen diese beiden Hälften der Stadt auf der Ostseite und auf der Westseite eines Flusses. Diese Form des Städtebaus findet sich vom Nil über den Euphrat und den Tigris bis hin an den Indus.

In der Spätzeit des Königtums wurden auch konzentrisch aufgebaute Städte errichtet, in deren Mitte der Tempel eines Gottes oder der Palast des Königs stand.

Die Städte des **Materialismus** sind rings um einen Kern gewachsen und haben schließlich alle Vororte mit in die Großstadt einbezogen. Diese Großstädte haben in der Regel keine geplante Form, sondern sind stückweise aus dem bereits Vorhandenen entstanden.

Sie haben sich zudem vor allem in ihrem Zentrum auch vertikal ausgeweitet: nach oben hin als Hochhäuser und nach unten hin als U-Bahnen und Tiefgaragen.

Einen überzeugenden und allgemein anerkannten neuen Entwurf für die Städte in der Epoche der **Globalisierung** gibt es bislang noch nicht. Ein grundlegendes Problem für die Städte ist ihr großes Wachstum. Vermutlich wird es erst dann eine neue Städteform geben, wenn das grundlegende Problem der Überbevölkerung gelöst worden ist und die Anzahl der auf der Erde lebenden Menschen von derzeit 8 Milliarden allmählich wieder auf 1-2 Milliarden geschrumpft.

Dieses grundlegende Problem der Überbevölkerung ist u.a. eindringlich in den beiden MCU-Filmen „Infinity-War“ und „Endgame“ beschrieben worden.

Die „neuen Städte“ werden auf jeden Fall ökologisch sein müssen, d.h. sie versorgen sich mit regenerierbarer Energie, verwenden vorwiegend nachwachsende Rohstoffe, sind auch klimaneutral und belasten die Umwelt nicht mit Müll und Abwässern.

j) Kleidung

Auch die Kleidung hat eine Entwicklung durchgemacht – wobei man natürlich streiten kann, ob die Schneiderei ein Handwerk oder eine Kunst ist.

Die Menschen der **Altsteinzeit** konnten in Eurasien während der Eiszeit, die vor 600.000 Jahren begonnen und erst vor 12.000 Jahren geendet ist, nur überleben, wenn sie eine beheizbare Hütte und warme Kleidung hatten, die deutlich über ein umgehängtes Fell hinausging. Diese Kleidung umfasste mindestens einen Kittel mit Ärmeln, Leggings (Hosenbeine an einem Gürtel) und Schuhe. Dies war alles aus Fell hergestellt.

Die dafür notwendigen Werkzeuge sind aus der Eiszeit, also grob gesagt dem letzten Fünftel der Altsteinzeit, gut bekannt: Stein- oder Muschel-Schaber zum Reinigen der Felle, Klingen zum Zuschneiden der Felle, und Stichel zum Herstellen von kleinen Löchern in den Fellen, die dem Zusammennähen mithilfe von verzwirntem Tierdarm dienten.

Fortschrittlichere Werkzeuge wie Nadeln mit Öhr gibt es erst seit der späten Altsteinzeit vor ca. 40.000 Jahren.

Zunächst einmal blieb die Kleidung in der **Jungsteinzeit** genauso wie in der Altsteinzeit. Sie gleicht weitestgehend der Lederkleidung der nordamerikanischen Prärie-Indianer.

Als um 8500 v.Chr. der Ackerbau und die Viehzucht entwickelt wurden, kam die Kleidung aus Wolle hinzu, die dann schnell zum Standard wurde. In der Regel bestand diese Kleidung nur aus einem Kittel. Felle trug man dann nur noch zu besonderen Gelegenheiten.

Auch während des **Königtums** bleib die Wollkleidung zunächst noch allgemein üblich, aber sie wurde komplexer. Aus dem Kittel entwickelte sich u.a. die Tunika und aus dem Umhang die Toga.

Es wurden nun auch Fäden aus Leinen, Brenneseln und anderen Pflanzen hergestellt und diese dann zu Stoffen verwoben.

Insbesondere in der Spätzeit der Epoche des Königtums wurde die Kleidung der höheren Schichten immer prunkvoller.

In der Epoche des **Materialismus** hat sich die Baumwolle generell durchgesetzt und wurde durch chemische Fasern ergänzt. Die Standardkleidung besteht aus Unterwäsche, Hose, Hemd und Schuhen. Es gibt jedoch auch weiterhin ältere Formen der Kleidung wie lange, lose Gewänder, Umhänge, Toga-ähnliche Umhänge, um die Hüfte geschlungene Tücher u.ä.

Der Kittel wurde bei den Frauen zum Rock und zum Kleid, bei den Männern wurde der Kittel zum Hemd und wurde durch eine Hose ergänzt, die eine Weiterentwicklung der in den kalten Gegenden üblichen Leggings ist.

Bislang sind noch keine neuen Entwicklungs-Tendenzen in der Epoche der **Globalisierung** erkennbar. Es gibt lediglich ein gestiegenes Interesse an der Kleidung fremder Völker.

k) Färben und Sticken

Die Menschen haben schon immer die Neigung gehabt, ihre Kleidung auf verschiedene Weisen zu schmücken.

Aus der **Altsteinzeit** kann man nur die Verwendung besonders schöner Felle als „schöne Kleidung“ oder evtl. besonders buschige Felle als Kragen und am unteren Ende des Kittels vermuten.

In der späten Altsteinzeit tauchen geschnitzte Knochenperlen auf, die teilweise zu Hunderten an einem Kittel befestigt worden sind. Ähnliche Techniken sind auch von den Prärie-Indianern bekannt. Solche Kittel waren sehr aufwendig herzustellen. Es sind auch kleine Röhrenknochen, kleine Sanduhr-förmig geschnitzte Knochen (sie wurden an der dünnen Stelle auf das Leder genäht), Federn und Stachelschweinborsten als Schmuckelemente an der Kleidung denkbar – wie sie ebenfalls von Indianern bekannt sind. Hier finden sich die Anfänge des Stickens.

Das Nacktsein wird in dieser Epoche noch normal gewesen sein.

In der frühen **Jungsteinzeit** blieb die Kleidung zunächst noch dieselbe wie in der späten Altsteinzeit.

Ab dem Anbau von Pflanzen ab 8500 v.Chr. gab es auch Pflanzenfasern und somit auch Pflanzenstoffe, die man durch Pflanzensäfte färben konnte. Durch die Verwendung von gefärbten Fäden beim Weben konnte man Muster erzeugen. Weiterhin konnte man mit gefärbten Fäden auch Muster sticken.

Da aus der Zeit um 7000 v.Chr. aus Çatal Höyük in Anatolien Wandgemälde bekannt sind, die sehr deutlich Stickereien nachahmen, muss es damals bereits gestickte Wandbehänge gegeben haben.

Die mögliche Vielfalt nahm also deutlich zu – aber die Standard-Kleidung wird noch lange Zeit einfach „naturweiß“ gewesen sein, so wie sie u.a. auch von den Ägyptern bekannt ist.

Auch in dieser Epoche gibt es noch keine Anzeichen dafür, daß es üblich war, immer bekleidet zu sein.

Während des **Königtums** wurden nun nach und nach auch feinere und weichere Stoffe hergestellt. Kostbarere und aufwendig hergestellte Stoffe finden sich jedoch erst in der Spätzeit dieser Epoche.

In der ersten Hälfte dieser Epoche war Nacktheit noch normal, wie u.a. die vielen Darstellungen nackter Bauern auf den Feldern zeigen.

Aufgrund der fortgeschrittenen technischen Möglichkeit während des **Materialismus** bei der Herstellung von Fäden, dem Webens, dem Zuschnitts, dem Bedruckens von Stoffen usw. gibt es in dieser Epoche eine große Vielfalt verschiedener Kleidung – sofern man sie sich leisten kann.

Zu Beginn der Epoche der **Globalisierung** ist eine deutliche Tendenz zu ökologisch erzeugten und verarbeiteten und zugleich haltbareren Textilien und zu gerechten Preisen für die Hersteller erkennbar.

l) Schmuck

Für den Schmuck gilt dasselbe wie für die „schönen Stoffe“ in dem letzten Kapitel: Die Menschen haben schon immer eine Neigung zum Schönen und zum Schmücken gehabt.

Aus der **Altsteinzeit** ist als Schmuck eigentlich nur die Körperbemalung bekannt. Es hat aber durchaus ein Interesse an den schönen und besonderen Dingen gegeben wie z.B. der Fund einer Sammlung von etlichen Meteoriten zeigt, die von Menschen in der Altsteinzeit angelegt worden ist.

Das Schmücken mit Federn im Haar u.ä. ist gut denkbar, aber leider nicht direkt nachweisbar. Auch das Durchstechen der Ohrläppchen, in die dann ein geschnitzter Knochen gesteckt wird, ist gut denkbar, aber ebenfalls nicht direkt nachweisbar. Da es jedoch beides (und ähnliche andere Schmuckformen) bei Naturvölkern häufig vorkommt, wird es beides auch schon in der Altsteinzeit gegeben haben.

Aus der frühen **Jungsteinzeit** gibt es auch keine direkten Nachweisee für Schmuck. Allerdings wurde in der mittleren Jungsteinzeit das Schmieden entdeckt, sodass es nun Ringe, Amulette u.ä. gab. Auch Perlen aus gebranntem und bemaltem Ton wurden hergestellt.

Es scheint allerdings keinen allgemeinen Brauch, sich zu schmücken, gegeben zu haben.

Aus der ersten Hälfte der Epoche des **Königtums** sind vor allem aufwendig hergestellte Halsketten bekannt. In der zweiten Hälfte dieser Epoche wurden dann auch Halsreifen, Ringe, Haarreifen, Kronen u.ä. üblich.

Derartiger Schmuck scheint aber weiterhin den höheren Schichten vorbehalten gewesen zu sein.

In der **Materialismus**-Epoche wurde der industriell hergestellte und damit auch billige Schmuck allgemein erschwinglich. Es handelt sich dabei vor allem um Ringe, Halsketten, Ohrringe und seltener auch Armreifen.

An neuen Entwicklungstendenzen während der Epoche der **Globalisierung** ist lediglich ein Interesse an „Tribal Art“, also an Schmuck und Ornamenten von Naturvölkern erkennbar.

3. Stile

♊

In der Kunst wird oft über Stile geredet – wobei die Maler eher über neue Farben und Pinsel als über Stile reden und sich auch die Bildhauer ebenfalls eher über eine andere Art Hammer, Schmirgelpapier oder Meißel unterhalten. Aber es gibt die Stile – und der vorherrschende Stil wechselt von Zeit zu Zeit.

So gibt es in der Malerei das Einzelmotiv wie das Mammut an der Wand der Höhle oder es gibt die Gruppe von zusammengehörigen Motiven wie in der Jungsteinzeit, die Standlinie der Figuren wie im Königtum, die Abstrakte Malerei im Materialismus usw. Dieser Aspekt der Stile zeig die innere Ordnung der Bilder in den Menschen: die lose Assoziation in der Altsteinzeit, die Analogie und die Wiederholung und die Gruppe in der Jungsteinzeit, das Prinzip und die systematische Ordnung im Königtum, und die persönliche Freiheit im Materialismus.

Andere Stilelemente sind die naturalistische Darstellung, die idealistische Darstellung, der Pointillismus, der Impressionismus, der Expressionismus, der Kubismus usw. Dieser Aspekt der Stile stellt eine bestimmte Absicht oder Stimmung dar: Der Naturalismus will ein möglichst genaues Abbild der Natur erschaffen, der Pointillismus versucht den Eindruck der vagen Erinnerung an ein Traumbild hervorzurufen, der Impressionismus strebt danach, eine bestimmte Stimmung wiederzugeben, der Expressionismus will eine bestimmte Wirkung hervorrufen, der Kubismus reduziert das Komplexe auf die wesentlichen Grundformen usw.

Ein weiteres Element, das den Stil prägt, ist in der Malerei die Art der verwendeten Farbe, die einen großen Einfluss auf die Ausstrahlung des Bildes hat. Es gibt auch verschiedene spezielle Maltechniken mit derselben Farbe wie beim Aquarellieren z.B. „naß in naß" oder „Schichttechnik", mit denen man bestimmte Effekte hervorrufen kann. Man kann auch Mischtechniken, also verschiedene Farben in einem Bild verwenden, was heute weit verbreitet ist.

Diese Vielfalt an Stilen gibt es auch in allen anderen Kunstrichtungen wie z.B. beim Tanz die Betonung des Rhythmus, die Betonung der Armbewegungen, die Verwendung von Gesten, Stampfen, Sprünge usw. Selbst in der Stickerei gibt es die Weißstickerei, das Klöppeln, die Filigranstickerei, die Verwendung von Goldleder usw.

Ein Künstler kann also, wenn er den Impuls zu einem Kunstwerk in sich spürt, aus eine großen Palette von Kunstrichtungen (Malerei, Dichtung Tanz ...), Stilen (afrikanischer Tanz, Flamenco, Headbanging ...) und Materialien (Holz, Speckstein, Labradorit …) das auswählen, was für ihn gerade am besten passt.

Er kann natürlich auch jederzeit neue Stile erfinden wie z.B. Salvadore Dali die zerfließenden Formen und er kann auch seiner Kunst eine Geschichte zugrunde legen, wie es z.B. die Band „Yes“ und der Maler Roger Dean mit seinen Cover-Entwürfen für diese Band, die eine Geschichte erzählen, gemacht haben.

Der künstlerische Ausdruck hat kaum eine Grenze und es steht jedem offen, noch eine weitere neue Möglichkeit zu entdecken. Allerdings wird ein Kunstwerk niemals nur dadurch gut, dass der Künstler einen neuen Stil entdeckt und verwendet hat oder in sonst einer Weise „neu“ ist.

Kunst lebt immer durch ihren Inhalt – durch das, was in dem Betrachter beim Erleben des Kunstwerks anklingt.

4. Kultur

♋

Kunst findet immer in einem Zusammenhang statt: im Leben des Künstlers, in Bezug auf die ihm wichtigen Menschen, in Bezug auf seine Kultur, in Bezug auf die Epoche, in der er lebt, in Bezug auf das vorherrschende Weltbild zu seiner Lebenszeit …

Während seine eigene Biographie und die ihm wichtigen Menschen viele Anregungen für das Erschaffen seiner Kunstwerke liefern werden, prägen die Kultur und das Weltbild den Künstler meistens auf eine ihm nicht unbedingt bewusste Weise. So orientiert sich z.B. fast die gesamte Kunst des Königtums auf den Ursprung, auf das Ideal, auf die Idee, auf den König, auf den einen Gott des Monotheismus, auf die Wahrheit. Dieses eine Grundprinzip, das alles prägt und von dem sich alles herleitet, wird dargestellt. Die Kunst in dieser Epoche zeigt, wie etwas sein sollte.

Diese Prägung bezieht sich natürlich auf alle Arten der Kunst in einer bestimmten Kultur – es gibt also eine Einheit der Kunst zu einem bestimmten Ort und Zeitpunkt, d.h. in einer bestimmten Kultur. Diese Einheit umfasst auch die zu dieser Zeit übliche Logik, das Weltbild, die vorhandene Technik, das Gesellschaftsleben, die Beziehungsformen, die politische Organisation usw. Die Kunst ist zwar das „Geschöpf des Künstlers", aber immer auch ein „Kind ihrer Zeit".

Die Kunst der **Altsteinzeit** zeigt das einzelne Wichtige: die Malerei der fruchtbaren Herdentiere, die Tonskulptur des starken Bären, die Gravur der Mutter, die Elfenbeinschnitzerei des Panther-Jägers, der hölzerne Totempfahl des Seelenvogels …

Die Kunst der **Jungsteinzeit** zeigt die Wiederholung, die Gruppe, die Reihe von Gleichem, den Jahreslauf, den Rhythmus, die Analogie …

Die Kunst des **Königtums** zeigt – wie schon beschrieben – das Prinzip, das Ideal, die Ordnung, die Regel, das Gesetz.

Die Kunst des **Materialismus** zeigt auf vollkommen freie, uneingeschränkte Weise den Einzelnen, seine Gefühle, seine Absichten.

Die Kunst der Epoche der **Globalisierung** hat sich noch nicht so weit entfaltet, dass man schon Genaueres über sie sagen könnte.

Wenn man ein Kunstwerk verstehen will, ist es daher hilfreich, wenn man die Kultur, aus der es stammt, zumindest in den Grundzügen kennt. Es ist zwar schon hilfreich zu wissen, dass ein Bild z.B. aus dem Königtum stammt, aber da z.B. das Königtum des Alten Ägypten, das Königtum im altchinesischen Reich und das Königtum der Inkas zwar dieselbe Grundstruktur und auch dieselben zentralen Symbole haben, ist es dennoch hilfreich, auch die unterschiedliche Symbolik zu kennen.

Man kann aber natürlich auch fragen, welche Bedeutung ein Kunstwerk für einen Betrachter haben kann, wenn man ihm dieses Kunstwerk erst einmal erklären muss – und ob es dann überhaupt eine Bedeutung für ihn haben kann. Doch selbst wenn man keine Hieroglyphen und auch kein Sanskrit lesen kann und auch die komplexe Symbolik der altägyptischen oder der altindischen Kultur nicht kennt, kann man doch das leise, von Seelenfrieden erfüllte Lächeln einer altägyptischen Statue oder einer Buddha-Statue aus Nordindien sofort verstehen.

Ein Kunstwerk kann also zum einen eine spontan zugängliche Ebene haben – die das eigentlich Wertvolle an ihm ist – und zum anderen auch eine Ebene, die man erst einmal erforschen muss – und die dann mit etwas Glück dem Verstand Nahrung bieten kann. Die spontan zugängliche Ebene eines Kunstwerks spricht das in einem an, was in dem Kunstwerk etwas sieht, was man wiedererkennt oder was man zumindest auch selber sucht. Die kulturelle Ebene eines Kunstwerks ist hingegen etwas, was mit dem Verstehen der Welt, der Menschheitsgeschichte, der geschichtlichen Epoche, den verschiedenen Kulturen usw. zu tun hat. Diese zweite Ebene kann durchaus auch bereichernd sein, aber direkter wirksam und meistens auch länger nachwirkend ist jedoch das, was man spontan beim Betrachten eines Kunstwerks erlebt. Diese Kunstwerke – oder Replikationen von ihnen sind diejenigen, die man sich auch gerne in sein eigenes Wohnzimmer stellen würde.

5. Selbstausdruck

♌

Bisher ist die Kunst nur als Eindruck beschrieben worden, also als etwas, das man erlebt. Doch für den Künstler selber ist das Kunstwerk auch ein Selbstausdruck. Das lässt sich ganz einfach erkennen, wenn eine Schulklasse das erste Mal Portrait-Zeichnen hat: Man kann an dem gezeichneten oder gemalten Gesicht zwar oft nicht erkennen, wer gemalt worden ist, aber man kann recht gut sehen, wer es gemalt hat – das Bild ist dem Maler ähnlicher als dem Modell.

Das Prinzip des Selbstausdrucks gilt natürlich auch dann noch, wenn der Maler schon deutlich geübter geworden ist und z.B. die Gesichter anderer Menschen so zeichnen kann, dass man die Gemalten anhand des Bildes sofort wiedererkennen kann. Aber trotzdem hat der Maler ja einen Grund, weshalb er malt – und dieser Grund liegt in aller Regel in ihm selber. Natürlich gibt es auch Auftragsarbeiten oder Maler, die danach gehen, was sich am besten verkaufen lässt, aber das Grundprinzip bleibt trotzdem der Selbstausdruck.

Manchmal werden auch die intimsten Erlebnisse gemalt. So hat z.B. Salvadore Dali seine erste innere Begegnung mit seiner Seele in dem Bild „Der Bahnhof von Perpignan“ dargestellt.

Es ist auch möglich, mithilfe des „Ba Gua“-Rasters aus dem chinesischen Feng Shui genau zu beschreiben, in welcher Verfassung und Stimmung ein Maler sein Bild gemalt hat.

Dieses Raster aus drei mal drei Feldern ist auf eine schlichte, logische Weise aufgebaut:

- Die linke Spalte ist die Vergangenheit, die mittlere Spalte ist die Gegenwart und die rechte Spalte ist die Zukunft (das ist durch die Sonne geprägt worden, die auf der Nordhalbkugel immer von links nach rechts läuft);
- die untere Zeile ist wenig Energie, die mittlere Zeile ist mittelviel Energie und die obere Zeile ist viel Energie.

Aus der Kombination dieser beiden Qualitäten ergeben sich dann die Qualitäten der neun Felder. In der unteren der vier Zeilen in jedem der neun Felder steht jeweils *kursiv* die klassische chinesische Bedeutung des Feldes, und darüber die Herleitung dieser Bedeutung.

viel Energie + Vergangenheit = Sponsor, Helfer *Fülle, Gedeihen*	viel Energie + Gegenwart = Krönung, Ruhm *Ruhm, Ansehen*	viel Energie + Zukunft = Ziel, Ideal *Beziehungen, Liebe*
mittlere Energie + Vergangenheit = Herkunftsfamilie *Eltern, Rückhalt*	mittlere Energie + Gegenwart = Zentrum, Mitte, Thema *Ich, Kraft, Gesundheit*	mittlere Energie + Zukunft = eigene Familie *Kinder, Kreativität*
wenig Energie + Vergangenheit = Ausgangspunkt, Lernen *Wissen, Lernen*	wenig Energie + Gegenwart = Fundament, Halt *Beruf, Erspartes*	wenig Energie + Zukunft = Ausruhen, Scheitern *Reisen, Helfer*

Wenn man dieses Verfahren z.B. auf das Bild „Sternennacht“ von Vincent van Gogh anwendet, kommt man zu der folgenden Beschreibung:

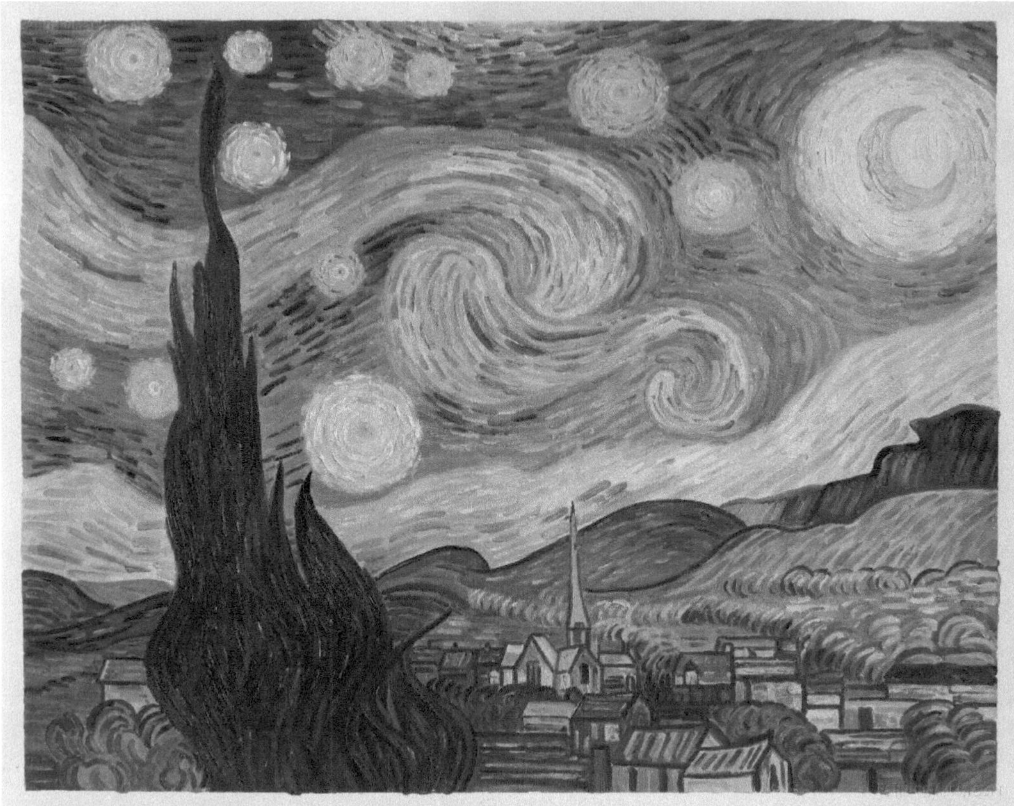

Rechts oben (Ziel) ist der Mond als das auffälligste Element auf dem Bild – er war offenbar die Motivation für das Malen. Der Mond weist auf die Nacht und die Träume hin – man kann als Thema des Bildes also Gefühle, Wünsche und innere Bilder annehmen. Der Mond – also das auffälligste Motiv des Bildes – steht am Ort der Ziele, der Ideale, der Wünsche und der Liebe. Es wir hier also um einen Wunschtraum gehen.

Unten ist eine Stadt auf der Ebene des niedrigen Energie-Niveaus im Bild – van Gogh wollte mit dem Mond über diese Ebene hinausgelangen.

Links ragt ein Thuja, eine Zypresse o.ä. dunkel in die Höhe – das Streben nach einem höheren Energieniveau hat in der Vergangenheit nicht weit geführt hat, da es dunkel bleibt. Der Mond ist also das Symbol für das Ziels, das man in der Vergangenheit nicht erreicht hat. Der dunkle Thuja bzw. die Zypresse hindert den Maler daran, von der Vergangenheit links im Bild zu der Gegenwart in der Bild-Mitte und zu dem Ziel rechts oben zu gelangen. Der Thuja ist folglich eine Blockade im Leben des Malers.

Von links unten ragen Berge nach rechts Mitte empor – unten eine dunkle Reihe

Berge, darüber eine hellere Reihe Berge. Die nach rechts aufsteigende Linie ist die Bewegung der Hoffnung auf bessere Zeiten (ein in Richtung Zukunft ansteigendes Energieniveau). Das Helle über dem Dunklen hat dieselbe hoffnungsvolle Bedeutung – diese Bewegung Richtung Mond (Ziel) ist allerdings durch den dunklen Thuja blockiert.

Von links oben kommt ein heller Wirbel in die Mitte hinein und läuft dann jedoch nach rechts Mitte hin aus. Das ist eine Hoffnung auf Hilfe von außen – vielleicht auch die Hoffnung auf die Zustimmung einer Frau auf eine Beziehung, da die Linie rechts in der Mitte endet, wo sich die selber gegründete Familie befindet. Dort rechts außen in der Mitte ist der Gegensatz von dunkel und hell auch am stärksten – die Essenz der Dramatik der Gefühle, die diesem Bild zugrunde liegen. Der helle Wolkenwirbel versucht das Mond-Ziel zu erreichen, aber er scheitert an dem krassen Gegensatz zwischen der dunklen Erde-Realität und dem hellen Mond-Traum über ihm.

Wenn man in van Goghs Biographie nachschlägt, was er zu der Zeit erlebt hat, in der er dieses Bild gemalt hat, stellt man fest, dass er zu diesem Zeitpunkt auf heftige Weise unglücklich verliebt gewesen ist.

Der bisher in diesem Kapitel beschriebene Selbstausdruck ist sehr unbewusst, doch es gibt natürlich auch den bewussten Selbstausdruck wie das bereits angeführte Bild von Salvadore Dali zeigt, in dem er eine für ihn sehr wichtige Vision gemalt hat.

Die Beispiele hier stammen alle aus der Malerei, weil sie dort am einfachsten zu beschreiben sind. Am leichtesten zugänglich sind die einem Kunstwerk zugrundeliegenden Gefühle jedoch in der Musik – sie ist eine internationale Sprache, die niemand erst zu erlernen braucht.

Was bedeutet nun „Selbstausdruck" für den, der sich da in einem Kunstwerk selber ausdrückt? In der Regel wird er sich selber oder die Dinge, die ihm wichtig sind – also letztlich auch wieder sich selber – in seinen Kunstwerken darstellen. Warum sollte er auch etwas, das ihm unwichtig darstellen wollen? Das Erlebnis, erfolgreich sich selber oder ein wichtiges eigenes Erlebnis oder etwas Ähnliches in einem Kunstwerk dargestellt zu haben, kann man im Grunde nicht beschreiben, sondern nur erleben. Möglicherweise ist dies am einfachsten beim Musik-Improvisieren möglich.

Dieses Gefühl ist ein Ankommen, eine tiefe Zufriedenheit, eine Genugtuung, eine Selbstbestätigung, eine Selbstgewissheit … man hat eine innere Erkenntnis oder man hat eine Selbsterkenntnis im Außen verankert. Das gibt dieser Erkenntnis eine neue Form der Realität, die sie vorher noch nicht gehabt hat.

6. Techniken

♍

Techniken sind etwas, wofür sich vor allem die Künstler selber interessieren und weniger die Kunstbetrachter – manchmal schauen auch die Kunstkritiker auf die Techniken, doch wirklich wichtig sind sie vor allem für die Künstler selber.

- Welches Reimschema eignet sich für dieses Lied am besten?
- Mit welcher Methode kann man am besten eine Forelle in einem Bach malen?
- Welches Holz ist für Skulpturen im Außenbereich empfehlenswert?
- Wie kann ich am besten etwas in diesen Kupferring gravieren?
- Worauf muss man achten, damit ein Musikstück wie ein Reggae klingt?
- Mit welchem Garn stickt man auf einer Altardecke am besten die Gesichter?
- Welcher Edelstein passt zu diesem Ohrring?
- Welches Tattoo passt zu mir?
- Welche Saiten passen am besten zu dieser alten Laute?
- Welche Tänze wollt ihr auf eurer Hochzeit haben?
- Welches Öl kann ich als Firnis für dieses Bild benutzen?
- Welches Schmirgelpapier gibt dem Goldring den besten Glanz?
- Welche Personen sollten in diesem Schauspiel auftreten?

Das ist nur eine kleine Auswahl der technischen Fragen, mit denen Künstler ständig konfrontiert werden. Künstler leben zwar viel aus dem Gefühl und der Ästhetik heraus, doch sie müssen zu einem gewissen Grad auch gute Handwerker sein. Nur ein perfekter Handwerker zu sein führt jedoch auch nicht weit, weil dann die Form vollkommen, aber ohne Inhalt ist. Die besten Kunstwerke entstehen natürlich dann, wenn jemand wirklich „etwas zu sagen hat" und zugleich auch ein guter Handwerker ist.

Das Kunstwerk beginnt damit, dass der Künstler ein Bild in sich findet, das er ausdrücken will. Zunächst einmal muss er dieses Bild klar genug greifen, dann wird er evtl. eine Skizze anfertigen und sich dann fragen, welches Material und welche Technik er benutzen will, damit das Kunstwerk den Ausdruck bekommt, den es haben soll. Das ist nicht ganz einfach und ohne ein wenig Übung und Erfahrung kaum wirklich sicher zu entscheiden.

Natürlich gibt es auch Kunstwerke, die anders entstehen. So wird z.B. von vielen modernen Liedern zuerst die Melodie erschaffen und dann ein passender Text dazu gesucht – und manchmal wird dieser Text dann auch noch gegen einen neuen Text ausgetauscht – wie z.B. bei „Echos“ von Pink Floyd, in dem ursprünglich eine Weltall-Szenerie und keine Meeres-Szenerie beschrieben worden ist. Auch „Yesterday“ von den Beatles ist zuerst nur eine Melodie mit dem Arbeitstitel „Srambled Eggs“ („Rührei“) gewesen, zu der erst nachträglich ein Text entworfen worden ist.

In der Malerei gibt es das Verfahren, dass man einfach mal zu malen anfängt und schaut, was dabei herauskommt. Doch bei den meisten Kunstwerken, die eine größere Wirkung entfaltet haben, hat es eine klare Absicht gegeben, die die Quelle dieses Kunstwerks gewesen ist. Diese Absicht ist dann anschließend sozusagen das „Herz“ oder die „Seele“ des Kunstwerks.

Eine spezielle Form der Kunst kann man bei Handwerkern finden, die ihr Leben lang z.B. nur eine bestimmte Art von Tontöpfen auf der Töpferscheibe gedreht und anschließend mit immer denselben traditionellen Mustern bemalt haben. Nach etlichen Jahrzehnten derselben Tätigkeit bekommt das, was dabei erschaffen wird, auch ohne die bewusste Anstrengung des Handwerkers schließlich eine Tiefe, die man kaum nachahmen kann. Dies liegt einfach dran, dass sich der Handerker durch seine endlosen Wiederholungen derselben Tätigkeit schließlich ganz mit dieser Tätigkeit verbunden hat.

Er wird sozusagen – ohne jemals in einem Zen-Kloster gewesen zu sein – zu einem Zen-Mönch, der ganz bei der einen Sache ist, die er tut und die dadurch eine schlichte Tiefe erhält.

Ein anderes Beispiel für diese Art von Kunst ist der Maler, der sein Leben lang nichts anderes als den heiligen japanischen Berg Fujiyama gemalt hat, oder der alte Gitarrenbauer, der immer nur Flamenco-Gitarren gebaut hat und immer nur Flamencos gespielt hat. Wenn man ihn dann mit 75 Jahren auf einer seiner Gitarren spielen hört, ist das unnachahmlich.

7. Schönheit

♎

Kann man eigentlich etwas Allgemeingültiges über die Schönheit sagen? In dem Sprichwort heißt es doch „Wat dem een sing Uhl, iss dem anneren sing Nachtigall!“ oder auf Hochdeutsch: „Was für den einen wie eine Eule klingt, klingt für den anderen wie eine Nachtigall.“

Es lässt sich aber trotzdem einiges über die Schönheit sagen.

Zunächst einmal ist die Schönheit etwas, was die Allermeisten als eine positive Eigenschaft ansehen würden – obwohl mein Freund einmal meinte „Ästhetik stört mich nicht.“ Es gibt eben auch die Pragmatiker, die vor allem interessiert, ob etwas funktioniert oder nicht – und nicht wie das, was funktioniert, aussieht.

Andererseits wird es wohl kaum jemanden geben, der nicht sagen kann, welche Frau oder welchen Mann er bzw. sie schön findet – wobei die Meinungen da sehr weit auseinandergehen können. Schönheit scheint also auch subjektiv zu sein. Man kann daher zumindest vermuten, dass Menschen andere Menschen oder Dinge als schön empfinden, wenn sie ihnen entweder ähnlich sind oder sie an etwas erinnern, was sie sich wünschen, wenn die Kunstwerke die Menschen also an ein Ideal erinnern.

Dann kann man auch noch allgemein sagen, dass Schönheit eine der Eigenschaften des Ideals ist, das in der Epoche des Königtums, des Monotheismus und der Philosophie angestrebt wird. Daher ist die „zeitlose Schönheit“ die Qualität, die die Künstler in dieser Kunst dieser Epoche zu erreichen versuchen. Dieses Ideal ist auch das, was das Ziel aller Menschen in dieser Zeit gewesen ist. In manchen Kulturen gab es sogar ein explizites Bild und einen Namen für dieses Menschen-Ideal wie im Judentum „Adam Kadmon“, im Buddhismus „Buddha“ und im Taoismus das „Wu Wei“. Im Christentum gibt es nur eine kollektive Darstellung dieses Ideals: das Neue Jerusalem aus der Johannes-Offenbarung.

In der Epoche des Materialismus steht hingegen die Darstellung heftiger Gefühle im Mittelpunkt, die von den Gemälden von Faunen und Zentauren durch Arnold Böcklin über die sozialkritischen Werke von Berthold Brecht bis hin zu der Rockmusik im Stil der Rolling Stones – z.B. „Sympathy for the Devil“ – reichen.

Es gibt auch noch eine weitere notwendige Voraussetzung dafür, dass ein Kunstwerk schön aussieht: die Selbstähnlichkeit.

Nur wenn ein gemalter Mensch, die Statue einer Gottheit, ein Tempel, ein Gedicht oder ein Lied in sich schlüssig ist, kann es als schön empfunden werden. Diese Schlüssigkeit, die eine notwendige Eigenschaft der Schönheit ist, besteht darin, dass alle Teile des Ganzen „aus einem Guss" sind, dass sie alle dieselbe Qualität haben, dass sie als organische Teile eines Ganzen erkennbar sind

Es gibt natürlich auch Kunstwerke, bei denen das nicht der Fall ist, in denen es große Spannungen gibt – aber diese Kunstwerke wird man eher spannend oder dramatisch als schön und ästhetisch empfinden.

Diese Selbstähnlichkeit kann man z.B. bei jedem Menschen finden, da bei ihnen jeder einzelne Teil seines Leibes denselben Stil hat. Dieser Stil lässt sich z.B. durch das Horoskop des Betreffenden beschreiben. Dieses „aus einem Guss sein" zeigt sich auch darin, dass man mithilfe der Handlinien, der Fußreflexzonenmassage, der Iris-Diagnose, der Ohr-Diagnose usw. jeweils zu derselben Diagnose gelangt – der Charakter des Ganzen zeigt sich in allen seinen Teilen. Dadurch wird das Ganze sowohl als organisch und auch als lebendig und nicht als tot erkannt. Die Selbstähnlichkeit entsteht dadurch, dass jedes Lebewesen aus einer einzigen befruchteten Eizelle heraus entstanden ist, deren Charakter sich in allen ihren Tochterzellen und schließlich in dem ganzen Lebewesen zeigt. Das Horoskop ist eine Beschreibung dieser grundlegenden Qualität, dieser jedes Detail prägenden Eigenschaft.

Wenn ein Kunstwerk daher schön werden soll, d.h. wenn es die Qualität der Selbstähnlichkeit haben soll, muss der Künstler es entweder sehr schnell erschaffen, sodass es den Zustand in dem Augenblick, in dem der Künstler es erschaffen hat, widerspiegelt, oder der Künstler muss es aus einem lebendigen inneren Bild heraus, aus einer Vision heraus erschaffen haben. In dem zweiten Fall wird die Ausstrahlung des Kunstwerks deutlich größer und die Schönheit des Kunstwerkes offensichtlicher sein als in dem ersten Fall.

Wenn sich diese Vision dann noch auf etwas bezieht, das alle Menschen in ähnlicher Weise kennen oder erlebt haben, dann kann das Kunstwerk eine intensive Schönheit ausstrahlen – zumindest dann, wenn sich die Vision des Künstler auf den lebendigen Idealzustand eines Menschen oder einer Sache bezogen hat.

Das Ideal der Epoche des Königtums ist eine Weiterentwicklung der „Richtigkeit" der Jungsteinzeit gewesen, die bei manchen Völkern auch als „Schönheit" bezeichnet worden ist. Diese Richtigkeit ist die Geradheit des Pfeils, die Zentriertheit der Achse der Töpferscheibe, die Rundheit des Rades, die Schärfe des Messers, die Süße des Honigs, die Festigkeit der Hausbalken, der passende Aussaattermin usw. Wenn alle Dinge in dieser Weise „richtig" waren, dann konnten die Menschen leben und gedeihen.

Aus diesem eher handwerklich-praktischen Schönheits-Verständnis wurde nach und nach die zeitlose Schönheit der Epoche des Königtums, das aus der ständig wiederholten richtigen Handlung wie z.B. dem Stimmen der Harfe das Urbild der Richtigkeit erschuf. Daher erhielt der Sonnengott als Erhalter der Richtigkeit bei den Griechen, den Germanen und den Kelten eine Harfe als Symbol: die drei „Harfen-Götter“ Apollon, Bragi und Dagda.

Schließlich wurde auch noch das Verhalten selber als schön, d.h. als richtig angesehen, das zu dem kollektiven Gedeihen führte. Den Charakter, den diese Richtigkeit in der Jungsteinzeit gehabt hat und die die Grundlage für die Schönheit war, kann man gut anhand der Begriffe aus den alten Kulturen, in denen diese jungsteinzeitliche Vorstellung noch lebendig ist bzw. war, erkennen:

Germanen:	*sidr*	„althergebrachte Weise“
Chinesen:	*tao*	„Weg“
Römer:	*ritus*	„Rad“
Hethiter:	*aya*	„Rad“
Inder (alt):	*rita*	„Rad“
Perser:	*asha*	„Rad“
Inder (neu):	*dharma*	„Versmaß“
Kelten:	*fhirinne*	„Wahrheit“
Slawen:	*prawda*	„Wahrheit“
Griechen:	*dikaios*	„Gerechtigkeit“
Ägypter:	*ma'at*	„Mutter“
Sumerer:	*me*	„Mutter“
Tibeter:	*tashi*	„glückliches Schicksal“
Navahos:	*ho'zhong*	„Schönheit“

usw.

Diese Richtigkeit und Schönheit ist folglich der traditionelle Weg zu leben, der richtig wie die Rundheit eines Rades und schlüssig wie ein gutes Versmaß ist und daher die Wahrheit enthält und zur Gerechtigkeit führt. Diese Qualität der Richtigkeit ist ein Geschenk der Muttergöttin, die durch diese Richtigkeit den Menschen ein glückliches Schicksal und die Schönheit gibt.

Die Navaho-Indianer haben viele rituelle Lieder über diese Richtigkeit, die von ihnen „Schönheit“ genannt wird. Diese Schönheit ist die Weise, in der sie zu leben trachten, sie ist die Qualität, die aus der Selbsttreue und aus der Treue zu der Gemeinschaft und aus dem Bewahren des Lebens heraus entsteht – eine Qualität und eine Haltung, die auch wir heute in der beginnenden Epoche der Globalisierung sehr gut brauchen können:

I walk in beauty before me,
I walk in beauty behind me,
I walk in beauty above me,
I walk in beauty below me.

I walk in beauty all around me,
as I walk my life the beauty way,
as I walk my life the beauty way.

My thoughts will all beautyful,
My words will all beautyful,
My actions will all beautyful,
as I walk my life the beauty way,
as I walk my life the beauty way.

Diese Auffassung von Schönheit ist deutlich tiefer und umfassender als die Auffassung, die heute weit verbreitet ist und die sich eher am Taillenumfang und an dem vermuteten Preis der Kleidung orientiert …

Es gibt aber durchaus auch Ansätze, die eine neue, der Epoche der Globalisierung entsprechende Vorstellung von Schönheit künstlerisch darstellen. So hat z.B. eine CD der Band Nightwish die Evolution des Lebens auf der Erde zum Thema und trägt den Titel „Endless Forms most beautiful“.

8. Ausdruck

♏

Was ist das, was den Künstler zu der Erschaffung des Kunstwerkes bewegt hat? Was empfindet der Betrachter des Kunstwerks? Und was kann das Kunstwerk bewirken? Und gibt es vielleicht sogar eine von dem Künstler gewollte Wirkung? Was ist die Motivation in der Kunst?

Vermutlich gibt es darauf keine allgemeingültige Antwort, aber man kann immerhin sagen, dass ein Kunstwerk nur dann wichtig werden kann, wenn es dem Betrachter in irgendeiner Form „unter die Haut geht". Das ist dann der Fall, wenn das Kunstwerk von etwas ausgeht, was in dem Künstler mit intensiven Gefühlen aufgeladen ist, und wenn es diese oder sehr ähnliche Gefühle auch in dem Betrachter gibt.

Bei manchen Kunstwerken ist das offensichtlich. So hat Arnold Böcklin 1877 in dem Bild „Schlafende Diana, von zwei Faunen belauscht" zwei Faune dargestellt, von der sich der eine über die halbnackte schlafende Göttin hermachen will, aber von dem anderen Faun festgehalten wird. Das Gefühl und den inneren Widerstreit, der hier dargestellt wird, braucht man niemandem zu erklären.

In dem Bild „Die Toteninsel" hat Böcklin 1883 ein Boot dargestellt, das mit einem Toten zu einer Insel fährt, auf der er bestattet werden soll – wenn man das Bild sieht, wird man plötzlich ganz still, weil die Endgültigkeit des Todes so deutlich zu spüren ist. Dieses Bild hat den russischen Komponisten Sergei Rachmaninow so sehr beeindruckt, dass er dazu 1909 eine sinfonische Dichtung geschrieben hat, die diese betroffene Stille deutlich wiedergibt.

Auch das Bild „Die Erscheinung", das Gustave Moreau 1876 gemalt hat, in der Salome den von ihr geforderten Kopf von Johannes dem Täufer vor sich sieht, hat dieses Erschrecken, wenn man das Bild zum ersten Mal erblickt.

Ein anderes Beispiel ist der 1. Satz der 5. Sinfonie von Ludwig van Beethoven, den die meisten Menschen zumindest in der westlichen Zivilisation kennen werden, weil er derart eindrücklich ist.

Ähnlich ist es mit der Toccata und Fuge von Johann Sebastian Bach. Auch dieses Orgelstück hat eine Intensität und derart heftige Gefühle, dass es unter den klassischen Musikstücken sofort auffällt.

Es gibt solche Werke aber auch aus neuerer Zeit. So hat der Maler Roger Dean für die Band Yes für deren Live-Album „Yessongs" ein Innencover gemalt, auf dem ein

Hirsch über einen unüberwindbaren Abgrund zu einem anderen Hirsch auf der anderen Seite des Abgrundes hinüber blickt. Auch hier sind die dargestellten Gefühle sofort deutlich.

Dasselbe gilt für das Lied „Yesterday“ von den Beatles, das durch Text und Melodie die Gefühle nach dem plötzlichen, unerklärten Ende einer Beziehung darstellt, die auch sehr vielen Menschen bekannt sein werden.

Eine ganz andere Form von „ergreifender Kunst“ findet sich z.B. auf dem Petersplatz vor dem Vatikan in Rom. Auf den beiden Viertelkreis-Kolonaden stehen die Statuen von insgesamt 80 Heiligen und oben auf der Vorderfront des Petersdoms zwischen den beiden Kolonaden stehen Christus und die zwölf Apostel. Wenn man dort auf dem Petersplatz ein wenig still wird, kann man die Präsenz und die Qualität dieser Versammlung sehr deutlich spüren.

Es hat den Anschein, als ob die meisten der „ergreifenden Kunstwerke“ mit voller Absicht so erschaffen worden sind, wie sie dann geworden sind. Der Künstler hat etwas gespürt oder sich nach etwas gesehnt, dem er dann eine Form gegeben hat. Dieser Vorgang ist nicht immer gleich bewusst abgelaufen, aber es hat den Anschein, als ob dabei jedes Mal etwas Wesentliches aus der Psyche an die Oberfläche gelangt sei.

Viele Kunstwerke – Bilder, Musik, Gedichte, Statuen und anderes – berühren fast jeden, der sie sieht oder hört wie z.B. das Gedicht „Der Zauberlehrling“ von Johann von Goethe, das die Unvorsichtigkeit darstellt, oder „Der römische Brunnen“ von Conrad Ferdinand Meyer, das den ständigen Wandel beschreibt.

Andere Kunstwerke stellen weniger allgemeine Gefühle dar und sind daher auch nur für weniger Menschen zugänglich wie „Der gute Mensch von Sezuan“, das Berthold Brecht über Lao tse geschrieben hat, oder „Sympathy for the Devil“, das die Rolling Stones über das Wirken des Teufels auf der Erde komponiert haben. Doch auch wenn diese Kunstwerke weniger grundlegende Themen aufgreifen – oder dies in einem Stil tun, der nicht alle anspricht – entspringt der tiefe Eindruck, den diese Kunstwerke bei vielen Menschen hinterlassen, doch einem intensiven Gefühl. In dem Beispiel von Brechts Gedicht ist dies die Notwendigkeit, sich selber darum zu kümmern, dass das Leben besser wird, und im Beispiel des Songs der Rolling Stones die Brutalität, mit der die Menschen sich in den Kriegen und oft auch im Frieden gegenseitig behandeln.

Kunstwerke können nur dann eine tiefe Wirkung haben, wenn sie etwas Wesentliches auf eine intensive Weise ausdrücken.

9. Ziele

♐

Was soll Kunst bewirken? Soll sie eigentlich etwas bewirken? Oder bewirkt sie einfach manchmal etwas, auch wenn das nicht gewollt ist?

Manchmal gibt es eine klare Absicht wie z.B. bei der Anlage des Petersplatzes in Rom – dort ist die geordnete Versammlung der Apostel und der Heiligen rings um Christus eindeutig und eindrucksvoll und wird zudem noch durch den altägyptischen Obelisken auf der Mitte des Platzes gebündelt und zu Gott Vater „im Himmel“ in Bezug gesetzt. Solch eine Architektur und solch eine Bildhauerkunst kann nicht zufällig entstehen.

Auch solche Werke wie „Das Glasperlenspiel“ von Hermann Hesse, in der der „Spielmeister“ in mehrtägigen Reden anschaulich die Zusammenhänge innerhalb eines Themas und auch die Zusammenhänge zu anderen Themen sowie die Analogie im Aufbau zwischen dem betrachteten Thema und anderen Themen schrittweise entfaltet und darlegt, haben eine sehr klare Absicht. Im Fall dieses Hesse-Romans ist diese Absicht die Vertiefung und ein organisches Zusammenwachsen des Wissens, das dann wieder zur Weisheit führt. Das ist etwas, das ganz offensichtlich auch heute noch dringend gebraucht wird.

Bei manchen gesungenen Hymnen ist die Absicht des Kunstwerkes offensichtlich – z.B. bei den Nationalhymnen der verschiedenen Völker, aber auch bei den im Kult der verschiedenen Religionen gesungenen Liedern, von denen viele ebenfalls Hymnen sind.

Auch die indischen und thailändischen Tempeltänze und auch die afrikanischen und indianischen Ritualtänze haben eine klare Absicht: Sie rufen in den meisten Fällen eine Gottheit oder die Ahnen oder die eigene Seele herbei.

Wenn ein Kunstwerk eine Absicht hat, dann ist es eigentlich immer auf ein Ideal ausgerichtet und stellt dieses Ideal dar, um es denen, die dieses Kunstwerk – meistens ein Bild, eine Statue, ein Lied oder ein Tanz – erleben, dabei zu helfen, diesem Ideal näher zu kommen. Das muss nicht unbedingt ein religiöses Lied sein – auch wenn das in den meisten Fällen so sein wird – sondern es kann sich auch um ein politisches Lied wie z.B. „Brüder, zur Sonne …“ handeln, das in diesem Fall ursprünglich aus der Arbeiterbewegung in Russland stammte, aber von vielen anderen Arbeiterbewegungen bis nach dem 2. Weltkrieg gesungen worden ist.

Ein Kunstwerk, das eine Wirkung haben soll, ist ein Mittel zum Zweck, also ein Handwerkszeug, das eine Veränderung in der Welt hervorrufen soll. Auch viele Kolossalbauten wie die Ka'aba in Mekka, der buddhistische Tempel Borobudur auf Java, der Kölner Dom, aber auch Bauten wie das World Trade Center oder die Hochhäuser im Zentrum von Frankfurt am Main sollen eine Botschaft verkünden – entweder eine religiöse Botschaft oder wie im Fall der genannten Hochhäuser die Proklamation der eigenen Größe.

Manche Kunstwerke – vor allem die, die mit einem großen Aufwand erschaffen worden sind, haben eine Absicht, sie sollen eine Wirkung ausüben, sie sollen etwas verkünden. Auch die meisten der sieben Weltwunder der Antike haben eine solche Aufgabe gehabt.

- **die Pyramiden von Gizeh**: Sie wurden zwischen 2620 und 2500 v.Chr. als Grabmale für drei Pharaonen errichtet und sind 147m, 144m und 65m hoch. Die Pyramide war die Mitte der Welt und das Tor zum Jenseits.
- **die hängenden Gärten der Seramis**: Diese vermutlich um ca. 580 v.Chr. fertiggestellten Terassengärten hatten eine Fläche von 120m x 120 m, besaßen einen Höhenunterschied von 30m und wurden künstlich bewässert. Sie hatten wie ein heutiger Park vor allem eine ästhetische Funktion.
- **der Tempel der Artemis in Ephesos**: Er wurde um ca. 530 v.Chr. fertiggestellt und war der größte Tempel der Antike mit einer Grundfläche von 112m x 58m. Er diente der Verehrung der wichtigsten kleinasiatischen Muttergöttin.
- **die Zeus-Statue von Olympia**: Diese 13m hohe, aus Gold und Elfenbein bestehende Statue, die auf einem Thron aus Ebenholz saß, wurde um 430 v.Chr. fertiggestellt. Sie stellte den Göttervater dar, der die kultische Wettkampfkampfstätte beschützte.
- **das Mausoleum von Halikarnassos**: Das um 350 v.Chr. errichtete Grabmal des Maussolos hatte eine Grundfläche von 32m x 39m und eine Höhe von 46m. Solche Grabmäler dienen zum einen der Selbstverherrlichung des Toten, aber zum andern sind sie auch Darstellungen des Jenseitstores und gehen wie die Pyramiden, die Tempel und die Steinkreise auf die frühjungsteinzeitlichen Tempel von Göbekli Tepe zurück, die ihrerseits steinerne Schwitzhütten sind.
- **der „Koloss von Rhodos“**: Er ist eine um 292 v.Chr. fertiggestellte, 30m hohe Bronze-Statue des griechischen Sonnengottes Helios über der Einfahrt zum Hafen, der die Insel Rhodos beschützen sollte.

- **der Leuchtturm von Alexandria**: Er wurde um 279 v.Chr. fertiggestellt und war sowohl der erste Leuchtturm als auch mit einer Höhe zwischen 115m und 160m bis in die Neuzeit hinein der höchste Leuchtturm. Er hatte eine rein technische Funktion.

10. Öffentlichkeit

♑

Wenn Kunst in der Öffentlichkeit gezeigt wird oder explizit für die Öffentlichkeit erschaffen wird, geschieht dies meistens mit einer sehr klaren Absicht. Diese Absicht hängt davon ab, wer der Initiator dieser Kunst ist.

So haben z.B. sehr hohe Kolossalstatuen von Politikern bereits eine lange Tradition:

Vallabhbhai Patel (indischer Politiker, 1875-1950)	182m
Chimalli-Krieger (Indianer, Mexiko)	65m
Guan Yu (chinesischer General, 160-219 n.Chr.)	61m
Guan Yu (chinesischer General, 160-219 n.Chr.)	48m
José Maria Morelos (Mexiko, Freiheitskämpfer; 1765-1815)	40m
Soldat des 2. Weltkriegs (Russland)	36m
Nero (Römischer Kaiser)	35m
Jalesveva-Jayamahe (indonesischer Marineoffizier)	31m
Arminius (BRD; germanischer Feldherr; 17v.Chr. - 21n.Chr)	27m
Ramses II (ägyptischer Pharao, Feldherr 1303-1213 v.Chr.)	20m

Immerhin findet sich bei dieser Auflistung von Heerführern auch ein Freiheitskämpfer (Patel, ein Mitstreiter von Mahatma Gandhi) und eine Statue für die Opfer der Krieger (Indianer).

Ähnlich wie diese Feldherren-Statuen sind die drei „Heimat-Stauten“:

Mutter Heimat (Russland)	85m
Mutter Ukraine (Ukraine)	62m
Afrikanische Familie (Senegal)	49m

Auch einer allgemeine politisch-gesellschaftliche Qualität (Freiheit) und einem Entdecker (Kolumbus) ist eine der großen Statuen geweiht worden:

Freiheitsstatue (USA)	46m
Christoph Kolumbus (Spanien)	45m

Der weitaus größte Teil – ca. ¾ der Statuen – sind Darstellungen von Gottheiten, Erleuchteten und Heiligen.

Buddha (Myanmar)	116m
Buddha (China)	108m
Buddha Amitabha (Japan)	100m
Buddha Avalokiteshvara (China)	99m
Buddha (Thailand)	93m
Buddha Avalokiteshvara (Japan)	92m
Buddha Avalokiteshvara (Japan)	88m
Buddha Siddhartha (China)	88m
Buddha Avalokiteshvara (Japan)	80m
Buddha Avalokiteshvara (China)	78m
Buddha Avalokiteshvara (China)	76m
Vishnu (Indien)	75m
Buddha Avalokiteshvara (Japan)	73m
Buddha Maitreya (Taiwan)	72m
Buddha Avalokiteshvara (Japan)	68m
Kuan Yin (chinesische Göttin)	62m
Buddha Avalokiteshvara (Japan)	62m
Buddha (Thailand)	59m
Buddha Avalokiteshvara (Japan)	57m
Buddha Avalokiteshvara (Japan)	56m
Buddha Avalokiteshvara (Japan)	50m
Santa Rita de Cássia (Brasilien)	50m
Buddha Avalokiteshvara (Japan)	49m
Heilige Maria (Venezuela)	47m
Buddha (Thailand)	45m
Shiva (Nepal)	44m
Murugan (indischer Kriegsgott; Malaysia)	43m
Buddha Avalokiteshvara (Japan)	42m
Buddha Samantabhadra (China)	42m
Hanuman (Indien, Affengott)	41m
Buddha Avalokiteshvara (China)	41m

Buddha Siddhartha (Bhutan)	40m
Heilige Maria (Bolivien)	37m
Jesus Christus (Polen)	36m
Heilige Maria (Bolivien)	34m
Heilige Maria (Frankreich)	33m
Jesus Christus (Vietnam)	32m
Jesus Christus (Philippinen)	31m
Jesus Christus (Indonesien)	30m
Heilige Maria (Ecuador)	30m
Helios (Koloss von Rhodos)	30m

Es fällt auf, dass 25 dieser 41 religiösen Statuen Buddha darstellen – und dass unter den 21 höchsten Statuen nur zwei sind, die nicht Buddha darstellen. Es fällt ebenfalls auf, dass es unter diesen 41 Statuen nur 7 weibliche Statuen gibt – und dass diese auch eher klein sind. Die größte von ihnen ist die chinesische Muttergöttin Kuan Yin. Die 10 christlichen Statuen, von denen 5 Maria, 4 Christus und eine Santa Rita darstellen, finden sich vor allem am unteren Ende dieser Liste.

15 der 25 Buddha-Statuen stellen Buddha Avalokiteshvara dar, den Buddha des Mitgefühls. Die chinesische Göttin Kuan Yin, der die größte der Göttinnen-Statuen geweiht ist, ist die weibliche Entsprechung zu Buddha Avalokiteshvara. Wenn man dann noch die zehn christlichen Statuen hinzunimmt, die die Nächstenliebe verkörpern, kommt man auf 25 Statuen, die die Liebe zwischen den Menschen darstellen. Auch die übrigen 10 Buddha-Statuen verkörpern ein friedliches Leben und ebenso die drei Heimat- und Familien-Statuen, sodass immerhin 38 „Friedens-Statuen“ den 10 kriegerischen Statuen (die Indianer-Statue wurde hier nicht mitgerechnet, dafür jedoch der kriegerische Gott Murugan) gegenüberstehen.

Gemessen an diesen Statuen besteht also noch Hoffnung auf Frieden auf Erden.

Bei dem Thema „Kunst in der Öffentlichkeit“ lassen sich die großen Statuen leicht erfassen. Doch auch die Malerei, der Tanz, der Gesang, das Schauspiel, die Architektur usw. gehören zu der Kunst, die in der Öffentlichkeit in Erscheinung tritt.

Diese öffentliche Kunst lässt sich im Grunde leicht in Gruppen einteilen: Während der Altsteinzeit und der Jungsteinzeit hatte alle Kunst einen magisch-mythologisch-religiösen Hintergrund. Das blieb auch während des Königtums weiterhin so – lediglich der König selber, der sich als „Sohn eines Gottes“, „Gott auf Erden“ oder als „König von Gottes Gnaden“ ansah, ließ auch für sich selber Kunstwerke – Paläste, Statuen, Bilder, Hymnen usw. – erschaffen. Bis zu dem Ende der Epoche des Königtums wurde auch fast ausschließlich der Idealzustand von etwas oder manchmal auch der Weg dorthin dargestellt.

Erst im Materialismus löste sich diese klare Ordnung auf und die Kunst begann vielfältiger und individueller zu werden, als die Künstler damit begannen, nicht mehr nur die Ideale, sondern auch den Alltag oder die Schattenseiten der Welt darzustellen und darüber hinaus zu diesen allgemeinen Darstellungen von kollektiven Werten oder Ereignissen auch Darstellungen von eigenen Erlebnissen und Gefühlen hinzuzufügen. Dadurch entstanden auch die ersten Museen, die solche individuellen Werke sammelten. In der Zeit vor dem Materialismus gab es nur selten bekannte Künstler – in der Regel zählte das Kunstwerk und das durch das Kunstwerk dargestellte Ideal und nicht der Künstler.

Eine Zwischenform gab es in der Zeit zwischen dem magisch-mythologischen Weltbild der Jungsteinzeit und dem monotheistisch-philosophischen Weltbild des Königtums. In dieser Übergangsphase wurden wie z.B. auf der altgriechischen Vasenmalerei eine Vielfalt von mythologischen Themen dargestellt.

Generell kann man sagen, dass die Kunst bis zum Ende der Epoche des Königtums religiös geprägt gewesen ist und danach allmählich individueller und zum Teil auch politischer geworden ist.

11. Utopie

Welche kollektive Wirkung hat die Kunst? Welche kollektive Wirkung sollte sie haben? Wie sollte sie heute wirken?

In der Religion, die bis vor 500 Jahren das fast die gesamte Kunst prägende Thema gewesen ist, wurde das Ideal dargestellt. Die Kunst gab den Menschen damals ein anschauliches Weltbild und daher auch eine Orientierung in der Welt. Durch die Tempel, die Götterstatuen, die Malerei, die Lieder, die Tänze usw. sowie durch den gesamten Kult mit all seinen Bräuchen, Ritualen und Festen wurde das richtige Verhalten, das zu einem erfüllten Leben führt, dargestellt. Die religiöse Kunst war damals das, was heute die Schulen sind: Die Kunst zeigte damals, wie die Welt ist – sie erklärte das aktuelle Weltbild, das sich damals nur sehr, sehr langsam veränderte.

Die Kunst hat daher früher einen weitaus größeren Eindruck auf die Menschen gemacht als in der heutigen Zeit, in der es neben den Dingen des Alltags die Bücher, das Fernsehen, das Internet, die Kinos usw. gibt. Früher gab es neben den Feldern, den Viehweiden und den Dörfern nur noch die Kirche und die Feste – und für die Gebildeten ein paar wenige Bücher. In solch einem Zusammenhang hat die Kunst eine ganz andere, sehr viel prägendere Wirkung.

Allerdings hat sich die heutige Kunst durchaus auch auf diese veränderte Situation eingestellt, um eine Wirkung ausüben zu können. So ist der Film an die Stelle des Schauspiels und der stillen Betrachtung der Bilder, die innen an die Wände der Kirchen gemalt worden waren, getreten. In Filmen wie „Star Wars“ oder den MCU-Filmen treten zudem Gestalten auf, die man durchaus als Halbgötter auffassen kann und die auch „Helden“ oder „Superhelden“ genannt werden. Wenn man in einer Grundschule arbeitet oder auf dem Pausenhof die Aufsicht hat, kann man an den Spielen der Kinder deutlich sehen, wie sehr diese Filme die inneren Bilder dieser Kinder geprägt haben – ähnlich wie die Kunst vor 1000 Jahren, die damals fast ausschließlich religiös gewesen ist. Auch noch heute prägen die Darstellungen von Helden-Vorbildern die inneren Bilder der Kinder.

Die Kunst hat auch heute noch eine solche Bild-gestaltende Wirkung auf die Menschen wie früher. Auch solche Statuen wie die der Freiheitsstatue oder solche schlichten Bilder bzw. Symbole wie die Fahnen der einzelnen Länder dienen auch noch heute als Kristallisationspunkte für Ideen, Weltanschauungen und nationale Identitäten. Die kollektive Wirkung der Kunst ist also nach wie vor sehr groß – auch wenn sich die Medien, die in der Kunst benutzt werden, deutlich geändert haben.

Ein Grund, warum die Kunst auch heute in dem Zeitalter der Informations-Überfülle noch eine Wirkung haben kann, liegt daran, dass vor allem in den Filmen auch Themen aufgegriffen und durchdacht und Konsequenzen durchgespielt werden, die auch aktuell von großer Brisanz sind. Daher kann die Kunst noch immer Lösungsvorschläge für Konflikte und andere Schwierigkeiten bieten. Zu diesen Themen gehören die künstliche Intelligenz („Matrix“, „Age of Ultron“), das Zusammenfinden von Individuen zu einer Gemeinschaft („Avengers“), der Umgang mit Behinderten („Was ist schon normal?“), die Selbstfindung („Und täglich grüßt das Murmeltier“) und die Überbevölkerung („Infinity War“; „Endgame“).

Im Idealfall stellt die Kunst also auch heute noch das Ideal und den Weg dorthin dar – einschließlich der Schwierigkeiten und Konflikte auf diesem Weg sowie der Bewältigung dieser Probleme.

12. Urbilder

♓

Ein Kunstwerk berührt einen Menschen am meisten, wenn es etwas Wesentliches darstellt und ein Bild in dem Menschen anklingen lässt. Die wichtigsten Bilder im Menschen sind die Urbilder, die Archetypen, die zu einem sehr großen Teil mit den Göttern und Göttinnen identisch sind. Daher sind die Götter auch lange Zeit die wichtigsten Themen in der Kunst gewesen: angefangen von den Mutter-Statuetten und den Pantherjäger-Statuetten, den Stiertänzer-Gravuren und den Seelenvogel-Totempfählen in der Altsteinzeit über die Vielfalt der Gottheiten in der Jungsteinzeit bis zu dem Einen Gott und den Engeln in der Epoche des Königtums. Im Materialismus wurden vorübergehend die einzelnen Erlebnisse und Gefühle der Menschen dargestellt, doch am Anfang der Epoche der Globalisierung scheint es eine „Rückkehr zu den Göttern" einschließlich der Magie in der Form der Helden und Superhelden zu geben.

Die religiöse Kunst stellt die Urbilder der jeweiligen Kultur dar und entwickelt sie ihrerseits durch die Darstellung weiter. Die Gesamtheit dieser Götter und Göttinnen – bzw. Helden und Heldinnen – mitsamt den kleineren Gottheiten und ihrer Taten ist das kollektive Unterbewusstsein. Die Kunst macht also im Idealfall das kollektive Unterbewusstsein sichtbar.

Wenn in einer Kultur oder in der Menschheit als Ganzes neue Probleme und Herausforderungen auftauchen, wird irgendjemand damit beginnen, eine Geschichte dazu zu schreiben oder einen Film dazu zu drehen, in dem dieses Thema auf dramatische Weise betrachtet wird. Diese Darstellungen werden dann zu Bildern in der Psyche der Zuschauer und wenn der Film erfolgreich ist und von vielen gesehen wird, werden diese Bilder schließlich zu Urbildern – wie z.B. die Lichtschwerter und die beiden intelligenten, aber sehr verschiedenen Roboter R2D2 und C3PO aus „Star Wars".

Manche dieser Filme tragen auch viele Elemente aus den verschiedensten Quellen zusammen und verbinden sie zu einer neuen, lebendigen Einheit. Das beste Beispiel ist vermutlich der Film „Avatar": Die Story benutzt viele Motive der „Indianer und Cowboy"-Filme; die Story, die Eingeborenen von Pandora und der Bösewicht entstammen der „Onkel Dagobert"-Geschichte „Rückkehr zu den Zwergindianern" von Don Rosa; die futuristischen Hubschrauber sind den „Spirou und Fantasio"-Comics über „Zyklotrop" von André Franquin entlehnt; der Heimatbaum stammt aus dem Film „Pocahontas“ von Disney; die leuchtenden Pflanzen sind eine Darstellung der hellseherischen Wahrnehmung der Lebenskraft aus den Darstellungen in der psychedelischen Kunst sowie in den „Star Wars“-Filmen („Machtblitze“) und in den MCU-Filmen („Dr. Strange“); das Volk auf Pandora hat Ähnlichkeiten mit den Gestalten in dem Musical „Cats“; die Landschaften, die fliegenden Berge und die Drachen entstammen den Schallplatten-Covern von Roger Dean; das Avatar-Prinzip entstammt den PC-Rollenspielen; usw. Trotzdem – oder gerade deshalb – ist dieser Film sehr beeindruckend, da er das heutige technisierte Leben dem Leben der „Wilden“ in der Natur auf Pandora gegenüberstellt und auf diese Weise sehr deutlich macht, dass unsere heutige Kultur nicht das Höchste ist, was Menschen erreichen können.

Was bislang noch nicht oder nur in geringen Ansätzen geschehen ist, ist der Versuch, eine neue Art von Geschichte zu erzählen, die nicht den Kampf und die Konkurrenz, sondern die Kooperation zum Thema hat, die in der heutigen Epoche der Globalisierung so dringend benötigt wird. Einige Versuche in diese Richtung sind Hesses „Glasperlenspiel“, Hans Bemmans „Stein und Flöte“ oder mein eigener „Maran“-Zyklus.

Es gibt auch in den MCU-Filmen einige neue Ansätze wie die Gleichberechtigung und Tiefe der verschiedenen Kulturen: „Thor“ zeigt teilweise die germanische Religion, „Black Panther“ die afrikanische Kultur, „Shang Chi“ die chinesische Kultur und Religion, „Miss Marvel“ die indisch-pakistanische Kultur usw.

Es werden neue Geschichten und neue Urbilder gebraucht, die Geschichten über das Stiften von Frieden, Geschichten über erfolgreiche Zusammenarbeit, Geschichten über Bewusstwerdung, Geschichten über kollektive Verantwortung und über kollektives Vertrauen und über andere ähnliche Themen erzählen, die die Strukturen und Dynamiken und Ideale der gerade erst begonnenen Epoche der Globalisierung beschreiben. Durch solche Geschichten, die vorwiegend Roman-Form oder Film-Form haben werden, kann die Kunst Urbilder erschaffen bzw. die alten Geschichten und Urbilder weiterentwickeln, und den Menschen wieder Orientierung in ihrer seit 1945 stark veränderten kollektiven Lebenssituation auf der Erde Orientierung geben.

Solche neuen Geschichten und Urbilder wären eine große Hilfe. Das ist etwas, was in den meisten Fällen nicht von Wissenschaftlern oder Politikern oder Priestern erschaffen wird, sondern eben von Künstlern, die allerdings ein Verständnis für Wissenschaft, Politik und Religion haben sollten, da in der heutigen Zeit eine Synthese dieser drei Bereiche ausgesprochen sinnvoll wäre. Damit ist nicht eine alles beherrschende dogmatische Religion, die die Wissenschaft zur Unterdrückung verwendet, gemeint, sondern eine Synthese des wissenschaftlichen Weltbildes und des magisch-religiösen Weltbildes, an dem sich dann wiederum die Politiker orientieren.

Es wäre sehr erfreulich, wenn sich einige Dutzend Schriftsteller und Regisseure – am besten aus den verschiedensten Kulturen – solche „neuen Geschichten“ erzählen würden. Dann hätte die Kunst wieder ihre eigentliche Aufgabe ergriffen: Die vorhandenen Urbilder sichtbar machen und die dringend benötigten Urbilder und Geschichten zu erschaffen und sichtbar zu machen, damit die Menschen wieder Vorbilder und Ideale haben, die ihnen Orientierung in ihrem Leben geben können.

Schließlich lernen die Menschen am einfachsten durch Nachahmung …

Bücher von Harry Eilenstein

Magie für Anfänger
- Telepathie für Anfänger (60 S.)
- Telepathie für Fortgeschrittene (52 S.)
- Telekinese für Anfänger (52 S.)
- Analogien für Anfänger (56 S.)
- Omen und Orakel für Anfänger (52 S.)
- Lebenskraft für Anfänger (60 S.)
- Meditation für Anfänger (56 S.)
- Kundalini für Anfänger (100 S.)
- Hypnose für Anfänger (56 S.)
- Kampfmagie für Anfänger (172 S.)
- Auto-Movement für Anfänger (56 S.)
- Chakra-Magie für Anfänger (148 S.)
- Astralreisen für Anfänger (56 S.)
- Astrologie für Anfänger (120 S.)
- Astrologische Quadrate für Fortgeschrittene (72 S.)
- Partnerhoroskope für Anfänger (100 S.)
- Silberschnüre für Anfänger (52 S.)
- Zaubersprüche für Anfänger (60 S.)
- Ritual-Magie für Anfänger (56 S.)
- Mandalas für Anfänger (68 S.)
- Geldzauber für Anfänger (56 S.)
- Liebeszauber für Anfänger (52 S.)
- Invokationen für Anfänger (52 S.)
- Evokationen für Anfänger (60 S.)
- Geister für Anfänger (52 S.)
- Elfen für Anfänger (56 S.)
- Magie-Forschung für Anfänger (140 S.)
- Magie-Romantik für Anfänger (60 S.)
- Selbsterkenntnis für Anfänger (52 S.)
- Einweihungen für Anfänger (60 S.)
- Drogen-Kabbala für Anfänger (216 S.)
- Zahlensymbolik für Anfänger (60 S.)
- Die Sprache des Mondes – für Anfänger (116 S.)
- Zaubergesänge für Anfänger (100 S.)
- Zukunftschau für Anfänger (60 S.)
- Schamanismus für Anfänger (52 S.)
- Schwitzhütten für Anfänger (52 S.)
- Magische Gegenstände für Anfänger (68 S.)
- Übertragungen für Anfänger (68 S.)
- Zaubertränke für Anfänger (64 S.)
- Magie-Gesten für Anfänger (252 S.)
- Da'ath-Magie für Anfänger (64 S.)
- Magie-Heilungen für Anfänger (68 S.)
- Kornkreise für Anfänger (348 S.)
- Feng Shui für Anfänger (96 S.)
- Tao für Anfänger (112 S.)
- Magie für Anfänger – Sammelband I (696 S.)
- Magie für Anfänger – Sammelband II (664 S.)
- Magie für Anfänger – Sammelband III (580 S.)
- Magie für Anfänger – Sammelband IV (700 S.)
- Magie für Anfänger – Sammelband V (676 S.)
- Magie für Anfänger – Sammelband VI (640 S.)

Magie
- Handbuch für Zauberlehrlinge (408 S.)
- Wie man das Pentagramm-Ritual zum Leben erweckt (308 S.)
- Tarot (104 S.)
- Physik und Magie (184 S.)
- Die Synthese von Physik und Magie (200S.)
- Die Magie-Formel (156 S.)
- Schwarze Löcher in der Magie (56 S.)
- Krafttiere – Tiergöttinnen – Tiertänze (112 S.)
- Schwitzhütten (524 S.)
- Mythen und Magie der Harfe (116 S.)
- Drei Adeptus Major Rituale (192 S.)
- Drei Adeptus Exemptus Rituale (120 S.)
- Zwei Infans Abyssi Rituale (128 S.)

Traumreisen
- Traumreisen zu Heilpflanzen (700 S.)
- Traumreisen zum kabbalistischen Lebensbaum (132 S.)

Meditation
- Der Lebenskraftkörper (230 S.)
- Die Chakren (100 S.)
- Das Chakren-System mit den Nebenchakren (296 S.)
- Organe und Chakren (64 S.)
- Die platonischen Körper in den Chakren (156 S.)
- Meditation (140 S.)
- Drachenfeuer (124 S.)
- Kundalini I (676 S.)
- Kundalini II (672 S.)
- Reinkarnation (156 S.)
- einsgerichtet (140 S.)

Astrologie
- Astrologie (496 S.)
- Photo-Astrologie (428 S.)
- Die astrologischen Aspekte (88 S.)
- Horoskop und Seele (120 S.)

Kabbala
- Kursus der praktischen Kabbala (150 S.)
- Eltern der Erde (450 S.)
- Blüten des Lebensbaumes:
  1. Die Struktur des kabbalistischen Lebensbaumes (370 S.)
  2. Der kabbalistische Lebensbaum als Forschungshilfsmittel (580 S.)
  3. Der kabbalistische Lebensbaum als spirituelle Landkarte (520 S.)
- Logik und Wirkung der Analogie (700 S.)

Eilenstein, Frater V.D., Knecht, Büdenbender
- Magie heute – Berichte aus der Praxis (288 S.)

Büdenbender, Eilenstein
- Chaos, Alk und Magic (436 S.)

Germanen

1. Die Entwicklung der germanischen Religion (556S.)
2. Lexikon der germanischen Religion (576S.)
3. Der ursprüngliche Göttervater Tyr (584S.)
4. Tyr in der Unterwelt: der Schmied Wieland (228S.)
5. Tyr in der Unterwelt: der Riesenkönig 1 (448S.)
6. Tyr in der Unterwelt: der Riesenkönig 2 (452S.)
7. Tyr in der Unterwelt: der Zwergenkönig (304S.)
8. Der Himmelswächter Heimdall (140S.)
9. Der Sommergott Baldur (228S.)
10. Der Meeresgott: Ägir, Hler und Njörd (176S.)
11. Der Eibengott Ullr (148S.)
12. Die Zwillingsgötter Alcis (292S.)
13. Der neue Göttervater Odin 1 (672S.)
14. Der neue Göttervater Odin 2 (160S.)
15. Der Fruchtbarkeitsgott Freyr (320S.)
16. Der Chaos-Gott Loki (608S.)
17. Der Donnergott Thor (600S.)
18. Der Priestergott Hönir (76S.)
19. Die Göttersöhne (204S.)
20. Die unbekannteren Götter (248S.)
21. Die Göttermutter Frigg (220S.)
22. Die Liebesgöttin: Freya und Menglöd (424S.)
23. Die Erdgöttinnen (212S.)
24. Die Korngöttin Sif (104S.)
25. Die Apfel-Göttin Idun (144S.)
26. Die Hügelgrab-Jenseitsgöttin Hel (288S.)
27. Die Meeres-Jenseitsgöttin Ran (112S.)
28. Die unbekannteren Jenseitsgöttinnen (384S.)
29. Die unbekannteren Göttinnen (308S.)
30. Die Nornen (328S.)
31. Die Walküren (636S.)
32. Die Zwerge (424S.)
33. Der Urriese Ymir (220S.)
34. Die Riesen (384S.)
35. Die Riesinnen (368S.)
36. Mythologische Wesen (280S.)
37. Mythologische Priester und Priesterinnen (220S.)
38. Sigurd/Siegfried (672S.)
39. Helden und Göttersöhne (628S.)
40. Die Symbolik der Vögel und Insekten (496S.)
41. Die Symbolik der Schlangen, Drachen und Ungeheuer (616S.)

42.a Die Symbolik der Herdentiere 1 (448S.)
42.b Die Symbolik der Herdentiere 2 (304S.)

43. Die Symbolik der Raubtiere (372S.)
44. Die Symbolik der Wassertiere und sonstigen Tiere (164S.)
45. Die Symbolik der Pflanzen (192S.)
46. Die Symbolik der Farben (124S.)
47. Die Symbolik der Zahlen (640S.)
48. Die Symbolik von Sonne, Mond und Sternen (596S.)

49.a Das Jenseits 1 – Das Hügelgrab (428S.)
49.b Das Jenseits 2 – Der Jenseitsweg (484S.)

50. Astralreise, Seelenvogel, Utiseta und Einweihung (420S.)
51. Wiederzeugung und Wiedergeburt (476S.)
52. Elemente der Kosmologie (412S.)
53. Der Weltenbaum (324S.)
54. Die Symbolik der Himmelsrichtungen und der Jahreszeiten (276S.)

55.a Mythologische Motive 1 – Aufbau (492S.)
55.b Mythologische Motive 2 – Vorgänge (480S.)

56. Der Tempel (397S.)
57. Die Einrichtung des Tempels (696S.)
58. Priesterin – Seherin – Zauberin – Hexe (428S.)
59. Priester – Seher – Zauberer (300S.)
60. Rituelle Kleidung und Schmuck (140S.)
61. Skalden und Skaldinnen (92S.)
62. Kriegerinnen und Ekstase-Krieger (224S.)
63. Die Symbolik der Körperteile (340S.)

64.a Magie und Ritual 1 – Magie (608S.)
64.b Magie und Ritual 2 – Kult (592S.)
64.c Magie und Ritual 3 – Heilung (192S.)

65. Gestaltwandler (316S.)

66.a Magische Angriffs-Waffen (660S.)
66.b Magische Verteidigungs-Waffen (328S.)

67. Magische Werkzeuge und Gegenstände (348S.)
68. Zaubersprüche (340S.)
69. Göttermet (416S.)
70. Zaubertränke (72S.)
71. Träume, Omen und Orakel (284S.)
72. Runen (252S.)
73. Sozial-religiöse Rituale (328S.)
74. Weisheiten und Sprichworte (540S.)
75. Kenningar (664S.)
76. Rätsel (160S.)
77. Die vollständige Edda des Snorri Sturluson (512S.)
78. Frühe Skaldenlieder (224S.)

79.a Mythologische Sagas 1 (488S.)
79.b Mythologische Sagas 2 (372S.)

80. Hymnen an die germanischen Götter (684S.)

nicht Teil der Germanen-Reihe:

- Odin (300 S.)

Kelten

- Cernunnos (690 S.)
- Taliesin (228 S.)
- Der Kessel von Gundestrup (220 S.)
- Der Chiemsee-Kessel (76)

Inder

- Dakini (80 S.)
- Vajra (76 S.)

Griechen

- Pan (336 S.)
- Poseidon (668 S.)

Religion allgemein
- Die sieben Schritte des Lebens (428 S.)
- Muttergöttin und Schamanen (168 S.)
- Totempfähle (440 S.)
- Der Urriese (168 S.)

Jungsteinzeit
- Göbekli Tepe (472 S.)
- Die Göttin von Göbekli Tepe (144 S.)
- Die Rituale von Göbekli Tepe (112 S.)

Ägypten
- Hathor und Re 1: Götter und Mythen im im Alten Ägypten (432 S.)
- Hathor und Re 2: Die altägyptische Religion – Ursprünge, Kult und Magie (396 S.)
- Isis (508 S.)
- Ma'at (200 S.)

Indogermanen
- Die Entwicklung der indogermanischen Religionen (700 S.)
- Wurzeln und Zweige der indogermanischen Religion (224 S.)

Christentum
- Christus (60 S.)
- Die Biographie des Teufels (144 S.)
- Die Magie der Propheten Elias und Elisa (96 S.)

Psychologie
- Über die Freude (100 S.)
- Das Geheimnis des inneren Friedens (252 S.)
- Das Beziehungsmandala (52 S.)
- Gefühle und ihre Verwandlungen (404 S.)
- einsgerichtet (140 S.)
- Liebe und Eigenständigkeit (216 S.)
- Von innerer Fülle zu äußerem Gedeihen (52 S.)
- Kreative Hochzeits-Rituale (56 S.)

Heilung
- Die Symbolik der Krankheiten (76 S.)

Kunst
- Herz des Tanzes – Tanz des Herzens (160 S.)
- Die Wurzeln der Kunst (60 S.)
- Wege zur Musik-Improvisation (32 S.)

Drama
- König Athelstan (104 S.)

Roman
- Maran der Schamane (548 S.)
- Maran der Zauberlehrling (676 S.)
- Maran der Harfner (700 S.)
- Maran der Krieger (700 S.)
- Maran der Magier (900 S.)
- Maran der Weise (900 S.)

Entwürfe für die Zukunft
1. Die 12 Stile des Tierkreises (164 S.)
2. Die 12 Gedanken zur Energie (108 S.)
3. Die 12 Phänomene der Schwingungen (60 S.)
4. Die 12 Qualitäten des Wassers (92 S.)
5. Die 12 Fundamente des Wohnens (96 S.)
6. Die 12 Grundprinzipien einer umfassenden Gesundheit (32 S.)
7. Die 12 Zonen des menschlichen Körpers (80 S.)
8. Die 12 Zutaten der Ernährung (60 S.)
9. Die 12 Flüge der Bienen (148 S.)
10. Die 12 Sichtweisen auf Genußmittel und Drogen (96 S.)
11. Die 12 Möglichkeiten der ganzheitlichen Medizin (92 S.)
12. Die 12 Ansichten über das Impfen (36 S.)
13. Die 12 Leitlinien der Erziehung (44 S.)
14. Die 12 Richtungen des Denkens (84 S.)
15. Die 12 Arten des Lernens (56 S.)
16. Die 12 Seiten einer umfassenden Bildung (36 S.)
17. Die 12 Ansätze zu effektivem Handeln (76 S.)
18. Die 12 Konzepte der Arbeit (48 S.)
19. Die 12 Arten der neuen Technologien (36 S.)
20. Die 12 Betrachtungsweisen der künstlichen Intelligenz (48 S.)
21. Die 12 Eigenheiten des Geldes (40 S.)
22. Die 12 Funktionen der Steuern (56 S.)
23. Die 12 Betrachtungsweisen der Sozialberufe (60 S.)
24. Die 12 Strategien der Macht (64 S.)
25. Die 12 Anforderungen an ein neues Wertesystem (48 S.)
26. Die 12 Bausteine einer neuen Gesellschaftsform (52 S.)
27. Die 12 Tore zur Sophikratie (80 S.)
28. Die 12 Pfade zum Frieden (48 S.)
29. Die 12 Säulen des Naturrechts (56 S.)
30. Die 12 Grundlagen der Beziehungen (52 S.)
31. Die 12 Spielfelder des Fußballs (108 S.)
32. Die 12 Wege der Kunst (60 S.)
33. Die 12 Wurzeln eines erfüllten Lebens (44 S.)
34. Die 12 Bereiche des Bewußtseins (56 S.)
35. Die 12 Tempel der Religionen (84 S.)
36. Die 12 Aspekte eines einheitlichen spirituell-physikalischen Weltbildes (72 S.)
37. Die 12 Dynamiken der Verwandlung (44 S.)

- Sammelband 1 „Natur“ (492 S.)
- Sammelband 2 „Gesundheit“ (512 S.)
- Sammelband 3 „Bildung“ (524 S.)
- Sammelband 4 „Gesellschaft“ (416 S.)
- Sammelband 5 „Psyche“ (380 S.)

Englische Buch-Ausgaben

die „Anfänger"-Reihe
- The Synthesis of Physics and Magic (192 p.)
- Telepathy for Beginners (60 p.)
- Telepathy for Advanced Learners (52 p.)
- Telekinesis for Beginners (56 p.)
- Life Force for Beginners (76 p.)
- Kundalini for Beginners (104 p.)
- Astral Projection for Beginners (60 p.)
- Meditation for Beginners (60 p.)
- Prophecy for Beginners (60 p.)
- Ritual Magic for Beginners (64 p.)
- Magic Chant for Beginners (108 p.)
- Invocations for Beginners (52 p.)
- Evocations for Beginners (62 p.)
- Auto-Movement for Beginners (60 p.)
- Elves for Beginners (56 p.)
- Hypnosis for Beginners (56 p.)
- Love Magic for Beginners (52 p.)
- Money Magic for Beginners (60 p.)
- Magic Objects for Beginners (64 p.)
- Shamanism for Beginners (52 p.)
- Chakra-Magic for Beginners (148 p.)
- Language of the Moon – for Beginners (128 p.)
- Self Knowledge for Beginners (60 p.)
- Da'ath-Magic for Beginners (64 p.)
- Astrology for Beginners (112 p.)
- Number Symbolism for Beginners (64 p.)
- Mandalas for Beginners (76 p.)
- Crop Circles for Beginners (344 p.)
- Feng Shui for Beginners (96 p.)
- Magic Research for Beginners (140 p.)
- Magic for Beginners – Anthology I (636 p.)
- Magic for Beginners – Anthology II (616 p.)
- Magic for Beginners – Anthology III (684 p.)
- Magic for Beginners – Anthology IV (580 p.)

Eilenstein, Frater V.D., Knecht, Büdenbender
- Living Magic (261 S.) (= „Magie heute")

sonstige englische Ausgaben
- The Biography of the Devil (140 S.)
- The Synthesis of Physics and Magic (192 S.)
- The Chakra-System with the Minor Chakras (304 S.)